神社のいろは

監修・神社本庁
扶桑社

装丁・本文デザイン　坂本浪男（アクシャルデザイン）

神社検定テキストシリーズ刊行に寄せて

ここ数年、パワースポットブームもあって、神社に多くの関心が集まっています。ある特定の神社に行けば何らかの力をもらえるというわけです。これは、一面では、神社の性格を表しています。そもそも神社という神域は、神様の気を受け、その気配を感じとり神を畏《かしこ》む場所だからです。昔の人は、神社をそういう場所として、あたりまえに認識していたのです。むしろ、今に生きる人たちのほうが、現代という環境のせいで気配そのものを感じられなくなり、パワースポットのような文言から神社を再発見しているように思われるのです。

神社の参詣も、観光的なものから、ある種、真面目なものに変わってきているようです。神前で多くの人たちは列を作って順番に参拝し、真ん中で参拝したがる人が増えてきています。余談になりますが、真ん中で参拝しようと端《はし》のほうで参拝しようと、神様はちゃんとご覧になっていますので、神様のご加護は変わりません。また、神社の基本的なことがらを神職に質問する人が増えてきています。これこそ、戦後60年以上が経過し、自分の足元を見つめなおしたいと考える人が増えてきた証しのように思われます。神社には、われわれの祖先が大事にして、ともに歩んできた悠久の歴史があるからです。

平成23年は大震災をはじめとして天変地異が相次ぎました。皆で復興に向けて努力を続けていかなければならないのは言うまでもありませんが、一方で、祈りの重要性が再認識された時でもありました。人と人との心のつながりです。

古来、日本人は大自然のなかの一員として生かされていることに感謝し、すべてに「神おわします」との観念から、自然の恩恵と神々のご加護を祈ってきました。人知を超えた存在を畏敬し、自分に命をつないでくれた祖先に感謝しつつ、豊かな自然の恵みをいただき生活を営んできたのです。

平成24年6月から「神社検定」(正式名称・神道文化検定)が始まりました。このテキストシリーズは、テーマごとに毎年、刊行していく予定です。検定を受検する人はもちろん、受検しない人でも、一読いただければ、見失いつつあった日本の伝統文化の根底が見えてくるはずです。

「知ってますか?　日本のこころ」。これが神社検定のスローガンです。

公益財団法人
日本文化興隆財団理事長
田中恆清

目次

第３章　全国的な神社の由来が知りたい

第４章　お祭りについて知りたい

第５章　神棚と家のお祭りについて知りたい

第６章　お伊勢さんについて知りたい

第７章　皇室のお祭りについて知りたい

第８章　神社にまつわる制度と歴史について知りたい

■それぞれの神社には独自の歴史があります。
本書で説明していることは、あくまで神社・神話・神道の一般的なことがらです。
■神名は『古事記』と『日本書紀』、また、神社によっては同じ神様であっても
表記が異なることがあります。本書ではその文脈に応じて書きわけられています。

第1章
身近な神社のあれこれを知りたい

1 鳥居について教えてください

多くの神社がうっそうとした森に囲まれています。まさに地域に住む人を守ってくださっている鎮守《ちんじゅ》の杜《もり》の姿がここにあります。神社とは神様を祀る神聖な場所のことです。神社の境内《けいだい》にはさまざまな建物がありますが、まず、見えてくるのが神社の入り口に立つ鳥居です。

一礼して鳥居をくぐると参道が続いています。参道脇には手を洗い、口をすすいで身を清める手水舎《てみずしゃ》（てみずや）があります。また、神様に神楽《かぐら》や芸能を奉納するための舞台となる神楽殿《かぐらでん》や舞殿《まいでん》（ぶでん・まいどの）があり、お祭りの準備や神社の事務を行う社務所《しゃむしょ》があります。そして、参道の先にはお祭りや拝礼を行う拝殿《はいでん》と、神様がお鎮《しず》まりになっているご本殿《ほんでん》があります。これが、神社の基本的な配置です（図参照）。

さて、鳥居は神聖な場所である神域への「門」です。神域と俗界を分ける結界にもあたるもので、地図でも神社を表す記号として使われています。鳥居が複数設けられている場合、最も大きい鳥居が神域全体の門として参道入り口にあり、一の鳥居と呼ばれます。そして、本殿に近づき聖性が高まる段階ごとに鳥居が設けられています（二の鳥居、三の鳥居）。

鳥居の語源は「通り入る」がなまったものとか、日本最古の歴史書『古事記《こじき》』によるものなど、さまざまな説があります。『古事記』説は、天照大御神《あまてらすおおみかみ》が天石屋戸《あめのいわやと》にお隠れになった際に、八百万《やおよろず》の神々が鳥を木にとまらせ鳴かせて、天照大御神のお出ましを願いましたが、このときの鳥の止まり木を鳥居の起源とするものです。また、外国からの渡来説もあります。

鳥居の構造や材質は多種多様で、神社により形態が異なります。基本的な構造は同じですが、代表的なものは神明《しんめい》鳥居と明神《みょうじん》鳥居でしょう。神明鳥居は鳥居上部の横柱が一直線になっており、明神鳥居はこの横柱が上向きに反っているものです（図参照）。この二つの形式をもとに、数多くの形態があります。お稲荷さまの鳥居など丹塗りの鳥居も一般的です。赤い色は耕作に適した春の暖かさや、明るく正しい陽気を招くと考えられたからです。

また、注連縄《しめなわ》をめぐらした場所は清浄なところで、不浄をもって侵してはならないということを表しています。

神社の基本的な配置

代表的な鳥居

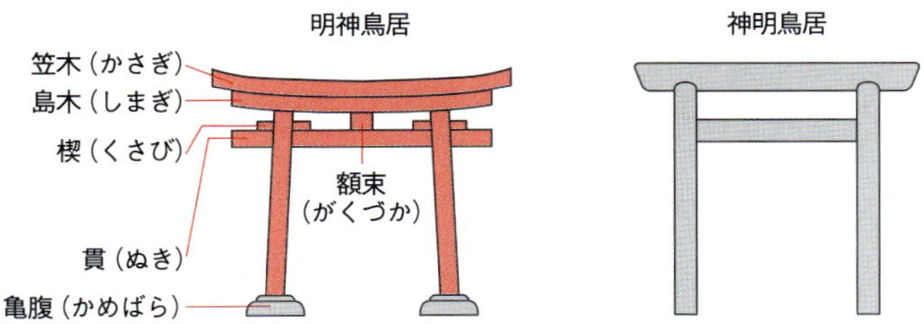

ポイント
①

鳥居は神聖な神域への「門」。複数ある場合は聖域が高まる段階ごとに設けられる。語源と起源についてはさまざまな説がある。『古事記』に出てくる鳥の止まり木を起源とする説も。

2 ご本殿、拝殿について教えてください

ご本殿は、神様がお鎮まりになっているところで、ご正殿《しょうでん》ともいいます。神社の最も神聖なところで、ご本殿の御扉《みとびら》は通常は鍵をかけて閉じられています。神社によっては、ご本殿がないところもあります。例えば、奈良の大神《おおみわ》神社がそうです。背後の三輪山《みわやま》を神体山《しんたいざん》としてお祀りしているからです。三輪山は神様が降りて来られる神聖な場所なのです。これが、神社の原初的形態で、この三輪山の一部は今も足を踏み入れてはならない禁足地です。

古代の人々は、神様は一つのところにいつもいらっしゃるわけではなく、お祭りなどのときにお呼びして来ていただくものと思っていました。そのとき、神様は美しい木々や山、岩などに宿られると考えられていたのです。この神様が依《よ》りつかれるものを依代《よりしろ》といい、木の場合はご神木《しんぼく》、神籬《ひもろぎ》、山の場合は神奈備《かんなび》や神体山《しんたいざん》、岩の場合は磐座《いわくら》、磐境《いわさか》などと呼ばれています。神奈備は山や森に限らず、島や岬も含め神様のお鎮まりになる場所すべてを総称しています。三輪山のみならず、出雲（島根県）には古代より神奈備と称《たた》えられている山々があります。ご神木は、山や神社で注連縄《しめなわ》がめぐらされている巨木をよく見かけますね。磐座で有名なものは、福岡・沖ノ島の祭祀遺跡や熊野の神倉神社の「ゴトビキ岩」でしょう。ただ「ご神木」といった場合、これ以外にも神社にゆかりのある木、名木、古木を指す場合もあります。

いにしえには、お祭りのときには、そういった木や山、岩に祭壇を設けて神様をお迎えし、終わると神様をお送りしました。その祭壇が臨時の建物に変化します。その建物は、かつてはお祭りごとに撤去されていましたが、やがて、いつも神様が鎮座される神社へと発展していったのです。

そして、神社に祀られている神様のことをご祭神《さいじん》といいます。そのご祭神がお鎮まりになっているところがご本殿ですが、ご本殿の中にはご神体《しんたい》と呼ばれるものがあります。これは、ご祭神そのものではなく神様の依代です。ですから、ご神体は御霊代《みたましろ》とも呼ばれます。ご神体は、鏡や剣、勾玉《まがたま》などが一般的ですが、木や石などさまざまなものがあります。ご神体はご本殿内の神座《しんざ》にうやうやしく安置されています。

また、通常、ご本殿の前にあり、祈願などをするところが拝殿《はいでん》です。しかし、

伊勢の神宮や春日大社などには拝殿がありません。これも太古に屋外で神様をお祭りしていた名残です。また、比較的大きい神社には、ご本殿と拝殿の間に連続して建てられている建物があり、これを幣殿《へいでん》といいます。神様にさまざまなものを奉《たてまつ》り、祭祀のための空間として使われるところです。

神奈備・三輪山

優美な山容を見せ太陽が背後から昇る三輪山に大和に住む人は特別の祈りを捧げた。山中には、岩塊があちらこちらに露出しており、この岩石群を磐座として祀った

磐座・神倉神社ゴトビキ岩

熊野三山の神々が降り立ったとされる巨岩。その光景には、現代に生きる者にもただならぬものを感じさせる

磐座・古代祭祀遺跡

玄界灘に浮かぶ沖ノ島は、島そのものがご神体だ。4世紀後半から10世紀初頭まで国の安泰と海路の安全を祈願する国家的な祭祀が行われてきた。写真は調査で発掘された古代祭祀跡

ポイント②

ご本殿は、ご祭神が鎮座されているところ。しかし、古代の人は、神様は一か所にとどまられるものではなく、お祭りなどのときに、お呼びして来ていただくものと考えていた。そして、神様に来ていただく場所と仮の建物が、神社へと発展した。

3 玉垣と千木、鰹木について教えてください

ご本殿の周りは、多くが木や石の低い柵で巡らされています。これを玉垣《たまがき》といいます。ご本殿だけでなく、神社や神域、あるいは皇居の周囲に巡らされた垣のこともいいます。前項で説明したように神社がまだ成立していなかった頃、神様が来訪されている聖域の周りを樹木で囲む柴垣《しばがき》が古い形だったようで、俗界と神域とを区別していました。垣ではなく回廊が巡らされている神社もあります。玉垣の「玉」は美称で、皮のついた木を用いた黒木玉垣や、広く透き間のある透垣《すかしがき》など材質や形状によって、さまざまな呼び方があります。幾重にも垣が巡らされる場合は、ご本殿に近いほうを瑞垣《みずがき》、その外側のものを玉垣、もしくは荒垣、板垣と称しますが、神社によって異なります。

また、神社によっては屋根に千木《ちぎ》と鰹木《かつおぎ》を備えているところがあります。屋根の両端にV字状に延びている二本の板木を千木といい、屋根の上に水平に並べて置かれた丸太状の木を鰹木といいます（写真参照）。

千木、鰹木とも、古代では皇族や豪族の住居に用いられましたが、今では神社にしか用いられず、古代の建築様式を現在に残した神社特有の様式です。

千木は古代において、家屋を建てるために、木材を左右より交差して結びとめ、その先端をそのままにして切り捨てなかったことに由来しています。屋根の形が三角に見える部分を破風《はふ》といいますが、この破風板の先端が突き出して交差し、そのまま千木になっているものではなく、特別に千木を作って屋根につけたものを特に置千木《おきちぎ》といいます。

鰹木はもともとは萱葺《かやぶ》きや檜皮葺《ひわだぶ》きなどの葺き屋根を押さえるために置かれた木です。形状が鰹節《かつおぶし》に似ているところからその名がついたといわれていて、勝男木とも堅魚木とも表記されます。その本数は神社によって異なります。千木、鰹木とも後代には装飾的な理由から発展し、神社の聖性を象徴する意味が強くなっています。

千木の先端を地面に対し水平に切ったものを内削《うちそ》ぎといい、垂直に切ったものを外削《そとそ》ぎといいます（図参照）。千木が内削ぎで鰹木が偶数の場合、女性神を祀り、外削ぎで奇数の場合は男性神を祀るともいわれますが、必ずしもそうとは限りません。神社の建築様式については28ページでふれますが、千木、鰹

木が設けられる社殿としては、神宮に代表される「神明造《しんめいづくり》」や出雲大社の「大社造《たいしゃづくり》」、春日大社の「春日造」、住吉大社の「住吉造」が代表的です。

伊勢の神宮の千木と鰹木

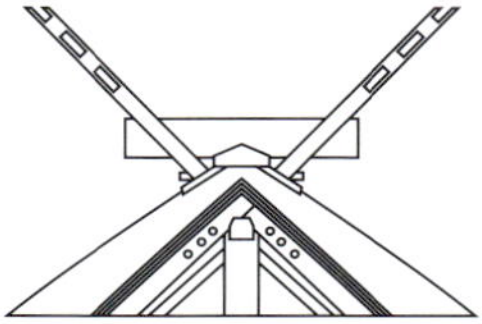

内削ぎ

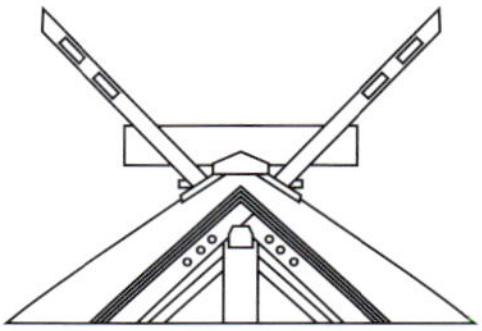

外削ぎ

玉垣

ポイント③

境内やご本殿の周りに巡らされた垣のことを玉垣といい、俗域と神域を区別している。その起源は古く、材質によってさまざまな呼び名がある。千木、鰹木は古代の建築様式を今に残した神社特有の建築様式。

4 ご祭神と氏神さまについて教えてください

まずは、神社のご祭神について簡単に説明していきましょう。先にもふれたように、大昔、神社が出来上がる前には、人々は山や木、川、石などに依《よ》りつく神様をお祭りしていました。驚異的な力を示す存在や現象をすべて神としてあがめ、多くの神を成立させたわけです。まさに八百万の神《やおよろず》です。ですから、神社が出来上がる頃のご祭神は、地名や神社名に神をつけた「○○神」といった名前で、「その土地や神社に現れた神」として認識されていたようです。これらの神様は、人格的な性質より、むしろ自然を象徴する側面が強く、同時に、地域の人たちの地主神《じぬしがみ》や、血縁関係にある人たちの氏神《うじがみ》的な神様でした。

実際に、平安時代の10世紀に成立した『延喜式神名帳《えんぎしきじんみょうちょう》』に記載されている2,861カ所の神社のほとんどは、具体的な祭神名が明らかにされていません。さらに、奈良時代の8世紀に成立した『古事記』『日本書紀』や、日本最古の和歌集『万葉集』、地域の風土を記録編纂した『風土記《ふどき》』などに遡《さかのぼ》っても、祭神名が明らかにされていたのは、伊勢の神宮などの限られた神社だけで、その数は決して多くはありません。

それが、10世紀を過ぎた頃になると、『古事記』や『日本書紀』に出てくるような神様の名前がさまざまな文献に見られるようになってきます。また、全国的に有名な神様を勧請《かんじょう》（お遷《うつ》し）する例も多く出てきました。そして、例えば八幡様やお稲荷様など全国的にその名が多いご祭神の神社が多く出てくるのです。それ以外にも、仏教や道教など外来宗教の影響が見られるご祭神の例もあります。こうして長い年月をかけて、神社ごとに人格的な名前をもつご祭神が定まっていきました。ですから、神社にはそれぞれに歴史があり、同じ名称のご祭神であっても、一つとして同じ神社はないのです。

神社を氏神さま、産土《うぶすな》さま（神）、鎮守さま（神）と呼ぶこともあります。氏神は、もともと同じ氏族が共同で祀った祖先神または守護神のことです。産土神《うぶすながみ》は人々が生まれ育った土地の守護神です。鎮守神は国や地域、寺院、王城など一定の区域・場所を守護する神のことをいいます。しかし、これらの神様は時代の変遷とともに、同じ意味に使われるようになりました。産土神の鎮座する周辺の一定地域に居住する人々を産子《うぶこ》といいますが、今では、氏神・氏子《うじこ》という言い方が一般的です。

そして、自分が生まれ育った土地や、現在、暮らしているところに鎮座する神社とは別に、個人的な信仰によって崇敬する神社を崇敬神社といい、その神社を崇敬する人を崇敬者といいます。由緒や地理的な事情により氏子をもたない神社もあり、そうした神社では崇敬会などの組織が設けられていることもあります。このような氏神さまと崇敬神社を共に信仰・崇敬することにはなんら問題はありません。

ポイント④ 神社ごとのご祭神の名称は、時代の変遷のなかで長い年月をかけて、各神社にふさわしいものに定まっていった。氏神さま、産土さま、鎮守さまは、もともとの意味は違っているが、今では同じ意味で使われている。

5 境内にある小さなお社について教えてください

境内でご本殿以外に小さなお社《やしろ》を見かけることがあります。これらのお社は、摂社《せっしゃ》、末社《まっしゃ》と呼ばれています。摂社も末社も一つの神社（本社）に付属する神社で、現在では特に両社を分ける明確な規定はありません。

明治時代以降、戦前までは一定の基準がありました。摂社は、本社のご祭神の姫神（后《きさき》や妃《ひ》、娘）や御子神《みこがみ》（子供）、その他、本社にゆかりのある神、本社のご祭神の荒魂《あらみたま》（積極的、活動的な神霊）、さらに、その土地に古くから鎮座していた地主神を祀るものです。また、ご祭神が現在の地に祀られる前にご鎮座していた旧跡にある神社のこともいいました。そして、それ以外の神を祀るものを末社といい、摂社は末社より上位に置かれていました。

この他、伊勢の神宮などでは、特に本社ご祭神と関係の深い社を別宮《べつぐう》と称しています。

摂社・末社

本社の境内にあるものを境内摂社、境内社、あるいは境内神社といい、境内地外に独立した敷地をもつ摂社を境外摂社という

ポイント⑤ ご本殿以外の小さなお社は摂社、末社といい、いずれも、その神社のご祭神や神社にゆかりのある神様をお祀りしている。

6 「○○神宮」「○○大社」の名称について教えてください

同じ神社でも、○○神宮や○○大社などがあります。伊勢の神宮や出雲大社が有名ですが、神宮、神社、大社《たいしゃ》などの名称は神社名につく称号で、社号といいます。

伊勢の神宮は正式名称が「神宮」で、現在、単に「神宮」といえば、伊勢の神宮を指しています。また、「○○神宮」の社号を付されている神社には、鹿児島の霧島神宮や鹿児島神宮があり、これらの神社は皇室の祖先神をお祀りしています。さらに、神宮の社号をもつ神社としては、奈良の橿原《かしはら》神宮や京都の平安神宮、東京の明治神宮などがあります。橿原神宮のご祭神は神武天皇であり、平安神宮は桓武天皇と孝明天皇、明治神宮は明治天皇で、ご祭神として天皇を祀る神社です。その他には、奈良の石上《いそのかみ》神宮や茨城の鹿島《かしま》神宮、千葉の香取《かとり》神宮、愛知の熱田《あつた》神宮など限られた神社だけです。かつては、神宮の社号がつけられたのは、伊勢の神宮と鹿島神宮、香取神宮だけでした。

一方、古くは「大社」（おおやしろ）といえば、大国主神《おおくにぬしのかみ》を祀る島根の出雲大社《おおやしろ》だけでした。天照大御神《あまてらすおおみかみ》の命を受けて天孫である邇邇芸命《ににぎのみこと》がこの日本に天降《あまくだ》られた時の「天孫降臨《てんそんこうりん》神話」で「国譲《くにゆず》り」を行い、多大な功績を残されたのが大国主神です（公式テキスト②『神話のおへそ』「天つ神と国つ神の力比べと国譲り」参照）。明治以降戦前までは大社の称号は、この出雲大社のみに用いられました。戦後は、長野の諏訪大社や奈良の春日大社など、広く全国から崇敬を集める神社で使われています。

これに対して「神社」は、その略称である「社《やしろ》」とともに一般の神社に対する社号として使われます。神社は神の社であり、ヤシロの語源は「屋代」とする説が支持を集めています。「屋」は建物を表し、「代」は「苗代《なわしろ》」が苗《なえ》を育てる場所を表すように、ヤシロは祭りに際し臨時の小屋を建てる場所のことです。これは神社の起源であり、先にご本殿のところで説明しました。

また「宮」（みや、ぐう）の社号をもつところもあり、これは「神宮」とも重なります。福岡の筥崎宮《はこざきぐう》のように古くから呼称として用いられている神社や、天皇や皇族をお祀りしている神社に用いられます。ミヤの語源は尊い方の住むところ「御屋」とする説が有力で、建物に「御」の敬称をつけたものです。

神宮

神宮については第６章を参照

出雲大社

出雲大社については90ページ参照

ポイント⑥

神宮、大社、宮、神社は、神社名につく称号で社号という。それぞれの社号が用いられる際には基準があった。

7 狛犬、石灯籠について教えてください

神社の参道や拝殿の前でよく目にするのが狛犬《こまいぬ》です。邪気を祓《はら》い、神前守護の意味をもつとされています。玉を持っているものや、子を従えているものなどさまざまなものがあります。犬といっても獅子形の像で、起源はエジプトやインドとされています。シルクロードを通り中国から朝鮮半島の高麗《こま》を経て日本に伝わったために、「外来の犬」という意味で「高麗犬《こまいぬ》」と呼ばれるようになりました。そして、日本でその形態はさまざまに変化をとげたのです。

雌雄一対で、一方が口を開け、他方が口を閉じている、いわゆる「阿《あ》」・「吽《うん》」の姿をしているのが一般的です。ちなみに「あうんの呼吸」とは呼吸をそろえて行動しているさまをいいますが、もともと「阿吽」とは、仏教発祥の地インドのサンスクリット語で、「阿」は最初の音、「吽」は最後の音で、宇宙の始まりと終わりを表すとされています。ですから「あうん」の狛犬は広い意味で仏教の影響を受けたものだともいえるでしょう。もともと狛犬は魔除けの力をもつものとして、天皇がいらっしゃる宮中《きゅうちゅう》で、几帳《きちょう》（布製の間仕切り）や御帳《みちょう》（布のとばり）の裾《すそ》を押さえる木製の重し（鎮子《ちんし》）として用いられていました。それが神社や寺院でも使われるようになり、拝殿前や参道に置かれるようになっていきました。

神社によっては狛犬だけではなく、別の動物の像も見つけることができます。例えば、稲荷神社の狐や天満宮の牛、春日大社の鹿などです。特に稲荷神社では、狛犬がいる場所に狐の像が置かれています。これは祀られている神様の神使《しんし》で、神の使者です。神使は鳥や獣、魚とさまざまで、動物が神意を伝えるという話は、『古事記』や『日本書紀』にも見られます。特別の存在である神の使いは、ご祭神となんらかの縁故でつながっています。上記に限らず、熊野本宮大社の烏《からす》や八幡宮の鳩が有名です。

石灯籠《いしとうろう》も神社に行けば必ずといっていいほど目にします。灯籠は、単なる照明ではなく、より一層のご加護を願って神前に灯明を点《とも》すために主に氏子や崇敬者から寄進されたものです。灯籠には寄進者の名前や住所、職業が刻まれていて、その神社の崇敬者の姿を垣間見ることもできます。神や仏に灯明を捧げることは世界各地で見られることです。灯籠も古代に大陸から日本に伝わって

きたものです。本来、献灯のため寺院に立てられたものでしたが、神社にも取り入れられるようになりました。石灯籠は庭に置かれるものなど素材も含めてさまざまな形態が発展しました。神社で代表的なものは春日灯籠と呼ばれ、奈良の春日大社に立てられている形式のものです。

一般的な狛犬

口を開いたものを獅子として神前から見て左に、角のあるものを狛犬として右に置かれる

三峯神社の狼の像

埼玉県にある三峯神社では神の使いは狼である。そのため狼の像が置かれている

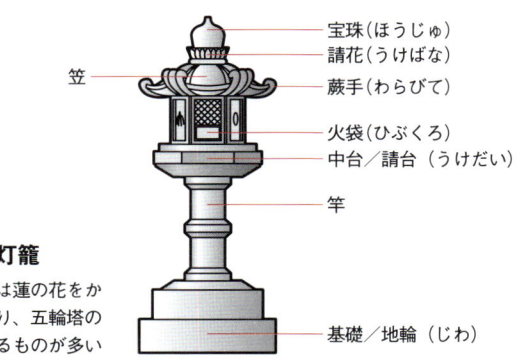

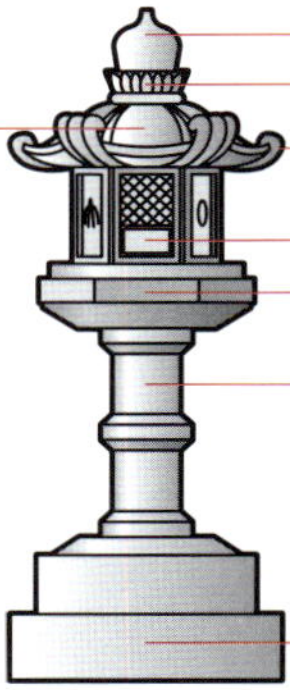

春日灯籠

寺院用の灯籠は蓮の花をかたどっていたり、五輪塔の形になっているものが多い

ポイント⑦

狛犬や石灯籠は外国から伝わった。狛犬は邪気を祓うもので、もとは宮中で使われていた。狛犬の代わりに神使が置かれることも。灯籠は主に氏子や崇敬者から寄進されたものである。

8 神社の紋章について教えてください

家の紋章である家紋と同じように、各神社も特定の紋章をもっています。神社に参拝に行くと、幔幕《まんまく》などに掲げられているのをよく見かけます。この神社の紋章を神紋《しんもん》・社紋《しゃもん》といいます。

神紋が使われだしたのは、家紋とほぼ同じで平安時代だといわれています。公家社会において家紋が定着していくのと同時に、神社もそれぞれにゆかりのある文様を神紋としていきました。神紋には、例えばご神木やお祭りの器具を表したものがあり、大神神社の神紋は神杉を使ったものとして有名です。また、伝説や伝承によるものがあり、天満宮の梅紋は、ご祭神である菅原道真公が生前に梅の花をこよなく愛《め》でられたという伝承に由来するといわれています。

武家社会においては、家紋は戦場などで敵味方を瞬時に見分ける必要から、旗などの目印として簡略化されて普及していきました。神社においても、神紋は鎌倉時代以降、しだいに多くの神社で用いられるようになっていきます。また、有名神社が勧請《かんじょう》され、同じ種類の神紋が全国的に複数の神社で使われるようにもなっていきます。さらに、武将の家紋が神紋として取り入れられる場合も出てきました。例としては、歴史上の人物をお祀りする神社によく見られ、徳川家康公をお祀りする東照宮《とうしょうぐう》では徳川家の家紋である葵紋《あおい》が神紋となっています。葵紋といえば、「葵祭」で有名な京都の上賀茂《かみがも》・下鴨《しもがも》神社も有名です。徳川家の家紋はこの賀茂神社に由来するという説もあります。

神紋には、天体気象に関するものなど、さまざまな文様が使われており、家紋と同じように同系統のものでもさまざまです。そのなかで、全国で広く用いられ、神紋の代表とされるのが巴紋《ともえ》です。巴紋は家紋としても古くから用いられ、後に八幡宮が神紋として使い、その他の神社でも多く用いられるようになりました。一つ巴、二つ巴、三つ巴などいくつも種類がありますが、三つ巴が一般的でしょう。また、その旋回する方向によって頭から時計の針と同じように右回りのものを右巴、左回りのものを左巴といいます。巴とは、弓を射るときに使う鞆《とも》を図案化したもの（鞆絵《ともえ》）であり、その紋の文様については、勾玉《まがたま》をかたどっているとする説や、水が渦を巻くさまなどと諸説があります。平安時代末期の建物には、巴紋が水に関する模様とすることから、軒先の瓦《かわら》に施《ほどこ》されました。今でも、神社建築において社殿の軒瓦に巴紋をつけることは魔除けや防火の意味があるといわれています。

代表的な巴紋

さまざまな神紋

大神神社の神紋（三杉紋）

鶴岡八幡宮の神紋（鶴丸紋）

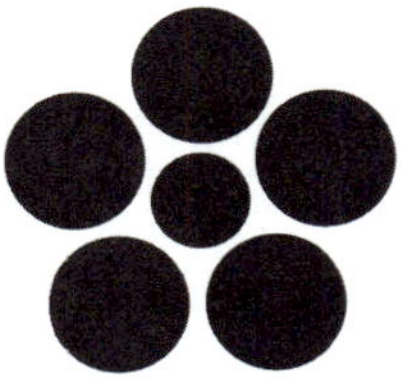

北野天満宮の神紋（星梅鉢紋）

稲荷神社の神紋（稲紋）

金刀比羅宮の神紋

ポイント⑧

神社の紋章を神紋という。神社ゆかりの文様を神紋とした。神紋の代表とされるのが巴紋で、水にも関連することから防火のために社殿の軒瓦によく使われる。

9 社殿の種類について教えてください

神社の社殿にはさまざまな形式があり、細かく見ていくとそれぞれに違いがありますが、ご本殿には大きく分けて二つの様式があります。

一つは日本の原初的な高床式の穀倉《こくそう》の形から派生した神明造《しんめいづくり》、もう一つは、古代の住居の形から発展した大社造《たいしゃづくり》です。神明造のご本殿は伊勢の神宮に代表される形式で、大社造のご本殿は出雲大社に代表される形式です。

この二つの形式は、建物の入り口をどこにとるかに違いがあります。屋根との位置関係によって違ってきますので、まずは、屋根の構造から説明しましょう。私たちが、一般に「家の絵を描いてください」といわれた際に単純に描くような屋根の形で、本を開いて伏せたような山形の形状をした屋根をもつ建物のことを切妻造《きりづまづくり》といいます。そして、屋根の最頂部を「棟《むね》」といい、屋根が三角に見える部分を「妻《つま》」、屋根の面の部分を「平《ひら》」といいます（図参照）。「神明造」は、この切妻造で、屋根が面に見える部分（つまり平側）に入り口がある「平入《ひらいり》」という構造になっている建物のことです。対して、「大社造」は、切妻造で、屋根が三角に見える部分（つまり妻側）に入り口がある「妻入《つまいり》」の建物です。両者とも、何も塗られていない素木《しらき》が使われ、先に説明した千木と鰹木が屋根の上に設けられます。なかでも伊勢の神宮のものは、掘立柱《ほったてばしら》で萱《かや》葺《ぶ》き屋根の様式で、特に唯一神明造《ゆいいつ》と称します。

この神明造と大社造から、さらに形式が変化していきます。まずは、大社造から派生した住吉造《すみよしづくり》と春日造《かすがづくり》について説明しましょう。「住吉造」は、大社造と大差はありませんが、違うのは、ご本殿内部が広く前後２室に分かれ、入り口の階段に屋根がない点です。柱は朱に、壁は白に塗られています。住吉造は、その名の通り、大阪の住吉大社に見られる本殿形式です（30ページ参照）。「春日造」は、妻入の正面に屋根を付き出し、庇《ひさし》となる「向拝《こうはい》」をつけたものです。また、その多くの正面が、柱と柱の間が一つしかない一間《いっけん》の造りです。奈良の春日大社に代表されるもので、この形式は近畿圏に多く見られます。その数は、次に紹介する「流造《ながれづくり》」の次に多い形式です。ちなみに、先に説明した「神明造」「大社造」「住吉造」までが、奈良時代以前に形成された形式です。この「春日造」以降、これから説明するものは、奈良時代から平安時代にかけて形成されたもので、屋根に反りをもつ形式が一般的となります。

神明造から派生したものが流造と八幡造《はちまんづくり》です。神明造は平入のご本殿でしたが、その平入の正面の屋根を延ばして向拝とした形式が「流造」です。京都の上賀茂、下鴨神社に代表される形式で、神社本殿の最も普遍的なものです。正面を構成する柱と柱の間の数で規模を表し、例えば、正面が三間の場合は三間社流造といいます。また、正面だけでなく背面の屋根も延ばした形のものを両流造といい、広島の厳島《いつくしま》神社や京都の松尾《まつのお》大社などに見られます。

「八幡造」は、切妻造平入の建物が前後に２棟並ぶ形式です。後ろを内殿《ないでん》、前を外殿《げでん》と呼び、どちらもご本殿です。大分の宇佐神宮や京都の石清水《いわしみず》八幡宮などがこの形式です。

この他、さらなる発展形としての日吉《ひよし》造（滋賀県の日吉大社）や入母屋《いりもや》造（京都の北野天満宮、八坂神社など）、複雑な構造を見せる権現《ごんげん》造（栃木の日光東照宮など）、浅間《せんげん》造（静岡の富士山本宮浅間大社など）、独特の形式をもつ尾張《おわり》造（愛知の津島神社など）などの形式があります。

神明造

屋根の形状は代表的な形式の切妻造で、屋根が面に見える部分である平側に入り口がある平入の構造になっている。使われる木は素木のままで、屋根には千木と鰹木が設けられる

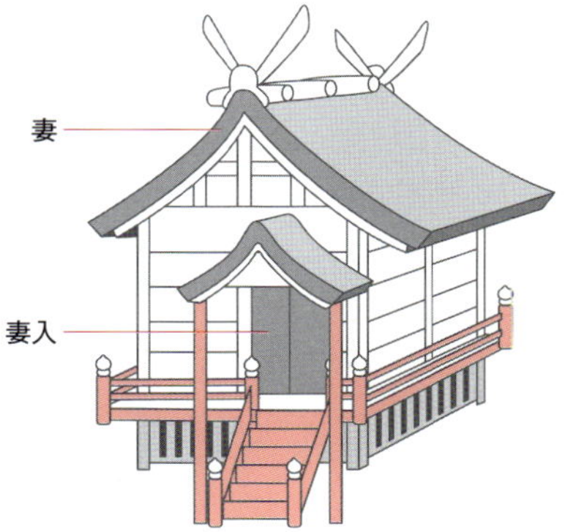

大社造

屋根の形状は代表的な形式の切妻造で、屋根が三角に見える部分である妻側に入り口がある妻入の構造になっている。使われる木は素木のままで、屋根には千木と鰹木が設けられる

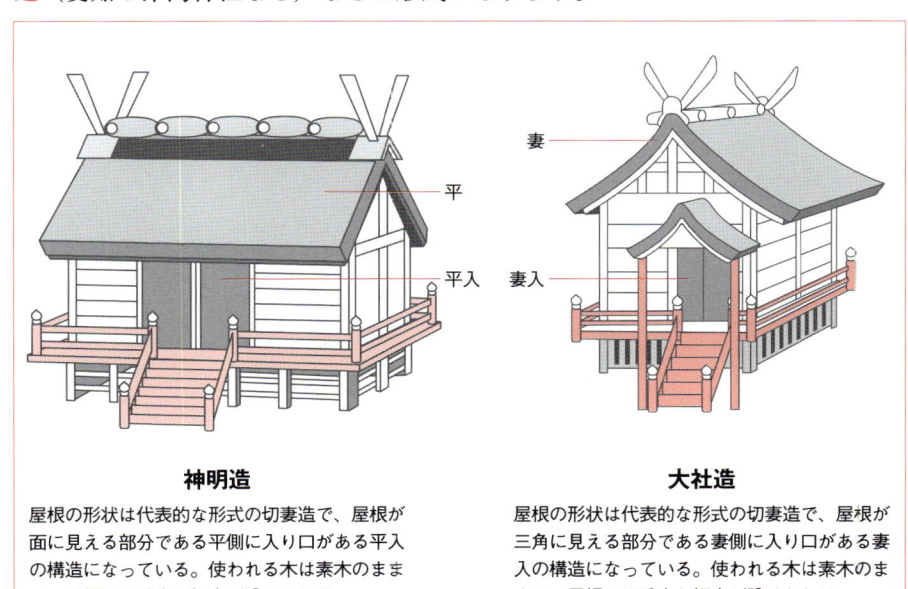

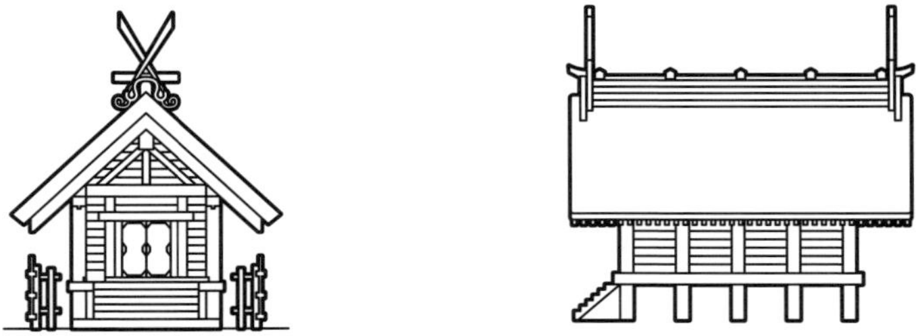

住吉造

住吉造は大社造と大差はないが、違うのは、ご本殿内部が広く前後2室に分かれ、入り口の階段に屋根がない点。柱は朱に、壁は白に塗られ、大阪の住吉大社に見られる本殿形式

春日造

春日造は、妻入の正面に屋根を付き出し、庇となる「向拝」をつけたもの。その多くの正面が柱と柱の間が一つしかない一間の造りで、奈良の春日大社に代表されるもの。この形式は近畿圏に多い

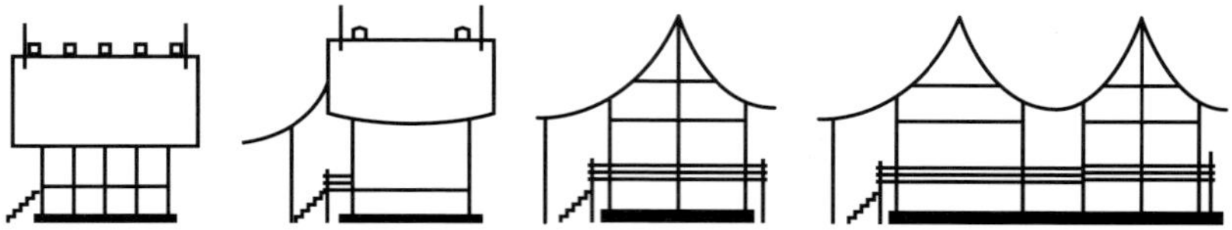

住吉造　**春日造**　**流造**　**八幡造**

住吉造と春日造は大社造から発展した

流造と八幡造は神明造から発展した

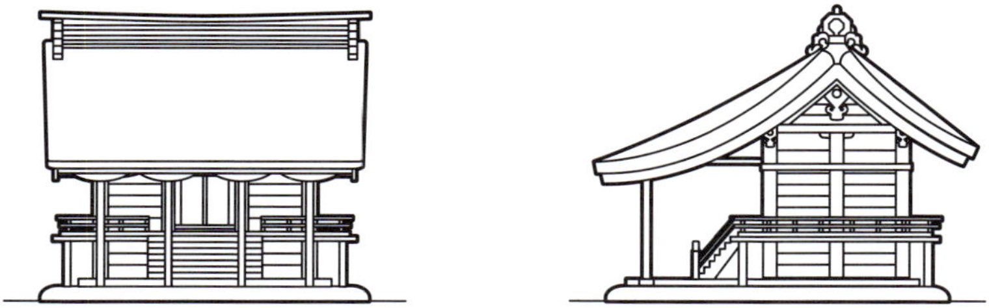

流造

神明造は平入のご本殿だが、その平入の正面の屋根を延ばして向拝とした形式。京都の上賀茂、下鴨神社に代表される形式で、神社本殿として最もよくある形式

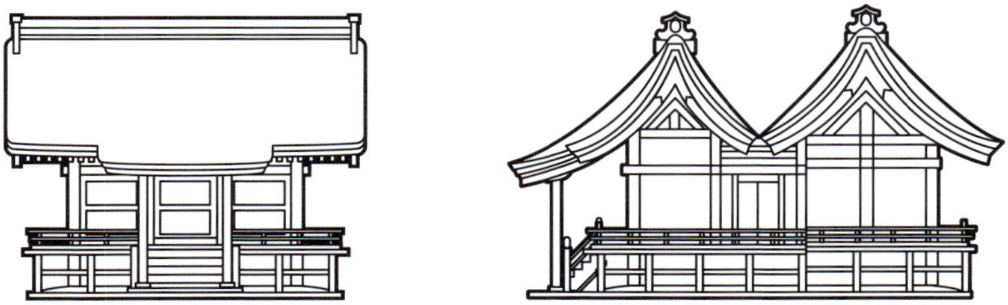

八幡造

八幡造は神明造から発展し、切妻造平入の建物が前後に２棟並ぶ形式で、どちらもご本殿。大分の宇佐神宮や京都の石清水八幡宮などがこの形式

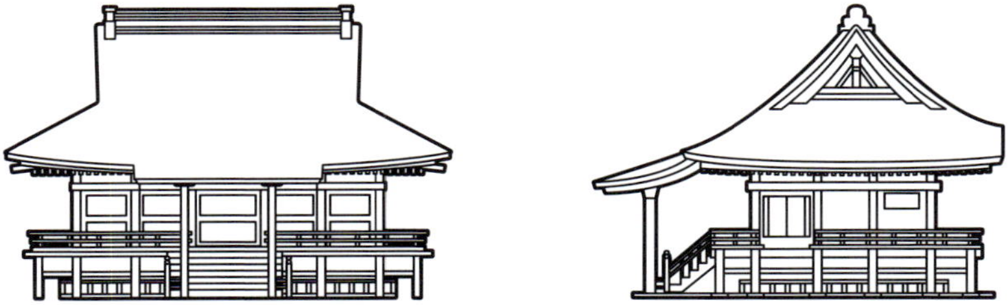

日吉造

正面と両側面に庇がつくと日吉造の形になる。背面では、庇の屋根が両端に見える独特の形で、日吉大社に３棟存在するのみ

ポイント⑨

ご本殿には大きく分けて２種類がある。伊勢の神宮に代表される神明造と出雲大社に代表される大社造だ。この二つの様式から派生して多くの形式が生まれた。その歴史は古く、平安時代にはほとんどの様式が出来上がった。

第2章

参拝などの正式作法が知りたい

10 手水の使い方について教えてください

神社参拝には長い歴史の中で決まってきた作法がありますが、その基本は、心身を清め、神様に対面し、日頃の感謝を捧げ、願いを伝え、神意を聞くことにあります。

一礼して鳥居をくぐり神域に入ると、参道脇に手水舎《てみずしゃ》があります。ほとんどは４本の柱と屋根だけの建物の中に、「洗心」（心を洗う）あるいは「浄心」（心を浄化する）といった文字が刻まれた鉢があり、水がたたえられています。ここで手と口をすすぎますが、これは禊《みそぎ》を簡略化したものです。

『古事記』には伊邪那岐命《いざなきのみこと》が死者の国である黄泉《よみ》の国《くに》から帰って来られたときに、身に着けているものをすべて脱ぎ、水に浸《つ》かって禊祓《みそぎはらえ》をしたことが書かれています（公式テキスト②『神話のおへそ』「禊祓によって最も尊い三柱の神が誕生」参照）。それで穢れを落としたわけです。これが、禊の起源です。

古い神社の多くは清流の近くにあります。この清流は参拝する人が禊をして身を清める場所でもあったのです。和歌山の熊野本宮《ほんぐう》大社は、かつて川に挟まれた中州《なかす》にあって、そこは川に浸からないと行けない場所でした。今でも、伊勢の神宮や京都の上賀茂《かみがも》神社には傍らを流れる川に石畳がしつらえられ、御手洗《みたらし》が設けられています。

滝に打たれるのも、茶室に入る前に手や口を清める蹲《つくばい》も同じ考えからきたものです。川や海での禊が、いつ手水鉢でのものに変わっていったのかは正確にはわかりませんが、鎌倉時代以降に社寺で普及していったようです。

手水舎の水を使って身を清めることを「手水《てみず》を取る（使う）」といいます。

その作法は①まず右手で柄杓《ひしゃく》を取り、清水を汲《く》んで左手にかけ、左手を清めます。②次に柄杓を左手に持ち替えて、同じように右手を清めます。③再び柄杓を右手に持ち、左の手のひらに水を受けて口をすすぎます。口をすすぐとき、直接、柄杓に口をつけて水を含んではいけません。口をすすぎ終えたら、もう一度、左手を水で流します。そして、柄杓置きに柄杓を伏せて置きます（図参照）。

濡れた手はきれいに拭きましょう。あらかじめ、ハンカチや手ぬぐいは手に取りやすいところに取り出しておくといいでしょう。

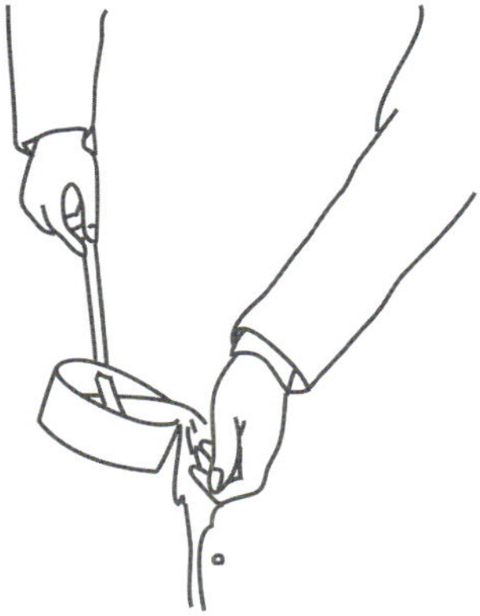

1

まず右手で柄杓を取り、清水を汲んで左手にかけ、左手を清める

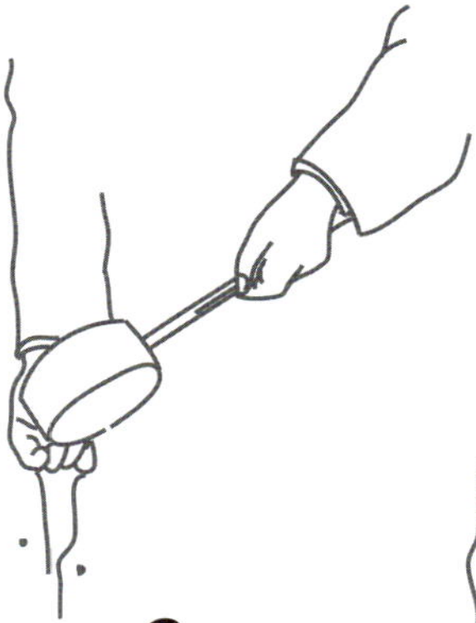

2

柄杓を左手に持ち替えて、同じように右手を清める

3

再び柄杓を右手に持ち、左の手のひらに水を受けて口をすすぐ。口をすすぎ終えたら、もう一度、左手を水で流す
※後の人が気持ちよく手水を使えるように心がけましょう

ポイント⑩

手水舎の水を使って手と口をすすぐことを「手水を取る（使う）」という。これは禊を簡略化したもの。川や海に浸かって全身を清めることが本来の姿だった。

11 お賽銭と参拝の際に鳴らす鈴の意味について教えてください

手水舎で心身を清めたら、参道を進み神前に向かいます。このとき、なるべく参道の真ん中を歩かないようにするのが礼儀です。中央は正中《せいちゅう》といい、神様の通り道とされているからです。ただ、拝殿でお参りするときは中央に立ってもかまいません。

また、参道に玉砂利《たまじゃり》が敷かれている神社も多くあります。敷き詰められた玉砂利は、見た目にも美しく、歩く際の泥はねを防ぐなど、境内とお参りの人たちが汚れないように清らかに保ってくれています。玉砂利の「砂利」は細かい石を意味する「サザレ」がなまったもの、「玉」は魂や御霊《みたま》の「タマ」に通じ、「立派な」とか「きれいな」を意味する美称です。玉砂利を敷くことでその場所を祓い、お清めしているわけです。伊勢の神宮のようにご正殿《しょうでん》（ご本殿）の周りに白い石が敷き詰められている神社もあります。

さて、拝殿の前には賽銭箱《さいせんばこ》が置かれています。賽銭の「賽」とは、もともと、神様へのお礼を意味します。ですから「賽銭」とは、願いがかなったとき、日々の平穏を感謝するときに神様に捧げる金銭のことを表しています。しかし、当たり前のように金銭がお供えされるようになったのは古いことではありません。今でも賽銭箱にお米が供えられているのを目にすることがあります。お賽銭の形態は、古くは神前にまく「散米《さんまい》」や、洗った米を紙に包んで供える「おひねり」でした。この散米が貨幣の流通に従って「散銭《さんせん》」になり、いつしか「賽銭」になっていったようです。お賽銭は神様へのお願いやお礼の際の真心の表現です。箱に入れる際には、それなりのお供えの仕方が求められます。

賽銭箱の上に大きな鈴が吊《つ》られている場合は、これを鳴らして参拝をしましょう。鈴は「さやさやと鳴る」と表現され、すがすがしく神秘的なものとして、古くから神霊を招く道具として用いられていました。古代には巫女《みこ》が鈴を振りながら舞い、神霊を招いて神憑《かみがか》りとなって神の声を人々に伝えたり、災厄を祓ったりしたのでしょう。鈴を付けた鏡や鈴を付けた女性の姿をした埴輪も古墳から出土しています。鈴が魔除けになるという信仰は日本のみならず世界各地にあります。お守りなどに鈴が付けられるのもそのためです。平安時代にまとめられた『古語拾遺《こごしゅうい》』という書物には、天《あめ》の岩屋戸《いわやと》にお隠れになった天照大御神の心をひくために天鈿女命《あめのうずめのみこと》が鈴を付けた矛を持って舞ったことが記されています。はっきりとしたことはわかりませんが、中世頃から社頭に鈴が付けられるようになったといわれています。

絵馬掛け

参道には絵馬掛けが置かれているところも多い。絵馬は本物の馬を神様に奉納していたことに由来する。絵馬については44ページを参照

神楽鈴

巫女さんが神楽舞のときに用いる神楽鈴

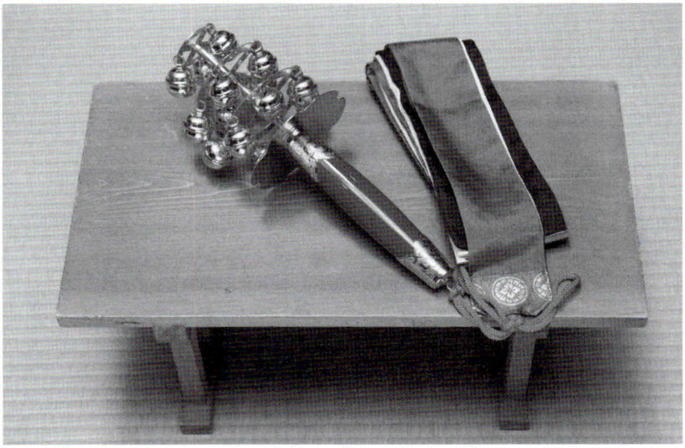

ポイント⑪

参道の中央は、なるべく歩かないように気をつける。賽銭の起源は神様への感謝の捧げもの。鈴は古来、神秘的なものとされ、神霊を呼び招く道具として使われていた。

12 拝礼、拍手の仕方について教えてください

賽銭を入れ、鈴を鳴らしたら、いよいよ拝礼です。拝礼の基本の作法は「2拝《はい》2拍手《はくしゅ》1拝」です。その正式な手順は以下の通りです。

①まず、直立の姿勢から背を平らにして90度に腰を折り、頭を下げます。これを2回繰り返します（2拝）。

②両手を胸の高さに合わせ、右手を少し引いて2回手を打ちます（2拍手）。その後、胸の高さで両手をきちんと合わせて祈ります。

③手を下ろし、最初と同じように頭を下げます（1拝）。

より丁寧な気持ちを表す場合には、2拝2拍手1拝の前後に会釈《えしゃく》を行います。これを「揖《ゆう》」といいます。この拝礼の作法は、基本的に、神職の神拝作法に準じたものです。

さて、拍手についてですが、「柏手《かしわで》」または「開手《ひらで》」ともいいます。これは、日本古来の拝礼作法で、日本のことについて書かれた3世紀末の中国の史書『魏志倭人伝《ぎしわじんでん》』には、貴人に対して拍手していたことがみえます。また、『日本書紀』には、天皇が即位されるときに、群臣たちが手を打って拝礼したことが記されています。もともと、拍手は喜びや喝采《かっさい》を表現するものです。この拍手の作法は平安時代に宮中では行われなくなったようですが、神様を拝む際には拍手が用いられてきました。

なぜ、拍手を「かしわで」というかについては、「拍」を「柏」と誤記したというのが通説となっていますが、次のような説もあります。昔、柏の葉は食事を盛る皿として用いられていました。それが、食事を司る人や「お膳」そのものを「かしわ手」というようになり、さらに、食事の際に感謝を込めて手を打つことを「拍手」というようになったとする説です。

この神様への拝礼作法は歴史的にはさまざまなものがありましたが、明治時代からこの2拝2拍手1拝という作法が一般化します。神社によっては、今日でも伝統的な作法を行っているところもあります。代表的なところでは、伊勢の神宮の神職が行う「8度拝8開手」（座った位置と立った位置で拝を行う起拝を4回、続けて座して8度拍手をし、最後に軽く手を一つ打ち、次に座したまま1拝、これを2度繰り返す）や、出雲大社の「2拝4拍手1拝」がそうです。

1

直立の姿勢から背を平らにして90度に腰を折り、頭を下げる。これを２回繰り返す（２拝）

2

両手を胸の高さに合わせ、右手を少し引いて２回拍手を打つ（２拍手）

3

手を下ろし、最初と同じように頭を下げる（１拝）

ポイント⑫　拝礼の基本作法は「２拝２拍手１拝」だが､歴史的にさまざまなものがあり、神社によって違いも。拍手は日本古来の拝礼作法である。

13 鏡と御幣について教えてください

さて、拝礼をすませたら、うやうやしく拝殿の中を拝見してみましょう。

ご神前には、多くの場合、鏡や御幣《ごへい》が置かれています。第1章で説明してきたように、神社にお祀りされる神様は、具体的な姿、形をもちません。古代の人たちは、岩や木などに神様が依りつくと考えていました。鏡や御幣も神様の依代《よりしろ》のバリエーションの一つです。神様の宿るご神体は神社のご本殿の奥、扉の向こうのご神座に安置されています。ご神前に置かれた鏡や御幣は、神様の存在と威儀を示し、ご神前を飾るものなのです。

鏡は遺跡からも多く発掘されるように、剣や玉とともに古代から宗教的な意味をもって扱われてきました。『古事記』にも次のような話が記されています。天岩屋戸《あめのいわやと》に籠《こも》られた天照大御神は、石屋戸の外で賑やかな音がするのを不審に思われて外を覗かれます。そのとき、大御神の前にすかさず鏡が差し出され、その鏡に映った自分の姿を見て、誰か他の神が現れたのだと大御神は思われたのです（公式テキスト②『神話のおへそ』「天石屋戸の前での神楽舞《かぐらまい》」参照）。

御幣の「幣」は布を意味しています。古代では、布は非常に貴重なものだったことから、神様への捧げものとして竹や串に挟んだ形で捧げられました。後に、布の代わりに四角形の紙を用いて、両脇に紙垂《しで》（四手とも）を付けるようになり、今の形になりました。この御幣は参拝者をお祓いする用具として使われることもあります。

紙垂も古くは木綿《ゆう》や麻が使われていましたが、紙が使われるようになって、切り方、折り方などにより、伊勢流、吉田流、白川流などのさまざまな作法が生まれました。紙垂は注連縄にも付けられます。また、神社によっては定形のものではなく、神様や用途ごとに異なる形のものを使っています。

ポイント⑬
古くから鏡は、剣や玉とともに宗教的な意味をもって扱われてきた。御幣の「幣」は布を意味し、神様への捧げものだった。御幣は、神様の依代として、神前を飾るものとして、また、お祓いの用具としても使われる。

ご神前の鏡と御幣

紙垂

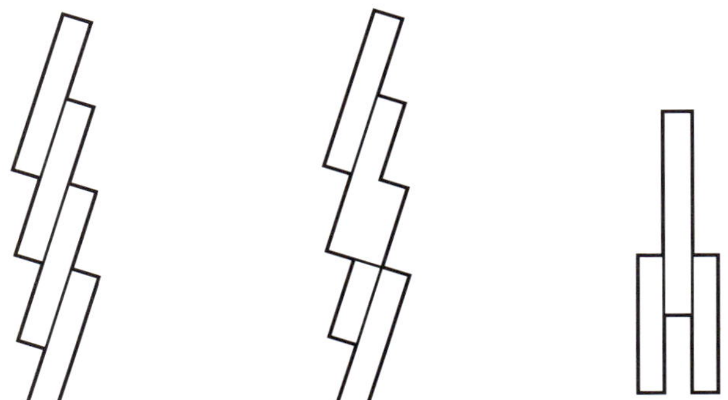

14 真榊と五色布について教えてください

拝殿の中には、榊《さかき》に五色の布を垂らしたものをよく見かけます。五色布とは青（緑）、赤、黄、白、黒（紫）の絹です。これは真榊《まさかき》とも呼び、神様をたたえ、重々しく飾りたてた威儀具《いぎぐ》（物《もの》）です。多くは、向かって右の真榊に鏡と玉《たま》が、左には同じく剣がかけられています。鉾《ほこ》や旗が置かれているところもありますが、これも威儀具です。

五色とは、古代中国で成立した陰陽五行《いんようごぎょう》説に基づくものです。日本もこの考え方の影響を受け、宮中の儀式などに取り入れられ、神社でも調度品などにその影響が見られます。陰陽五行説とは、この宇宙のすべては「木《もく》・火《か》・土《ど》・金《こん》・水《すい》」の５つの要素と、「陰」と「陽」の２つの要素のかけあわせで成り立つという考え方です。この「木火土金水」を色で表すと「青赤黄白黒」になり、方位では「東・南・中央・西・北」を示しています。ちなみに、同じく威儀具として拝殿などに置かれる四神旗《しじんき》（ししんき）に描かれている霊獣も、この五行に合わせて配されています。中央を除き、ご存知の方も多い「東＝青龍《せいりゅう》」「南＝朱雀《すざく》」「西＝白虎《びゃっこ》」「北＝玄武《げんぶ》（亀）」です。

榊は神社のいたるところで見かけ、神聖な木とされています。今までもふれてきたように、『古事記』では、天照大御神が天石屋戸《あめのいわやと》にお籠りになったときに、多くの榊に玉や鏡、布をつけて石戸の前に立てたと記されています。まさに、先の真榊の起源といえるでしょう。他にも記紀（『古事記』『日本書紀』の総称）には鏡、剣、玉が付けられた榊（賢木《さかき》）の記述があり、古くから神事に使われていたのです。

榊の字は「神」と「木」という字を組み合わせて作られていることからもわかるように、榊には神の木という意味があります。また、「さかき」の語源は「境《さかい》の木」、つまり、神様の聖域と俗界を分ける木ともされています。もともと榊とは常緑樹の総称で、固有の植物名ではありませんでした。現在、代表的なものはツバキ科のものですが、地方それぞれの常緑樹も使われています。このことから「さかき」の語源は、常磐木《ときわぎ》である「栄《さかえ》の木」とする説もあります。

榊は、神前に供えられるほか、神前で舞い人が舞う際に手に持つ採物《とりもの》としても使われます。また、社殿や玉垣、鳥居などに取り付けられます。

真榊

四神旗

榊を持って舞う人長舞（にんじょうまい・にんちょうまい・じんちょうまい）

ポイント⑭

榊は、聖域と俗界を分ける木で、神様を依りつかせる依代としても使われる。真榊は榊に五色の絹を垂らしたもの。鉾や旗、四神旗と同様に神様を称え、飾り付ける威儀具として使われる。五色布や四神旗に描かれる霊獣は陰陽五行説に基づいている。

15 絵馬とおみくじについて教えてください

境内には絵馬が吊るされている絵馬掛け（37ページに写真）や絵馬殿《でん》があるところもあります。絵馬は、神々にお願い事をする際に、本物の馬を奉納していたことに由来します。古くから馬は神の乗り物とされていました。これを神馬《しんめ》といい、神社によっては現在も神馬がいます。生きた馬が奉納できないときは、木彫りの馬像や板絵などを奉納しましたが、それが絵馬となっていったのです。遺跡からも出土していて、絵馬の原型は奈良時代からあったようです。

室町時代から馬以外の図も現れ、徐々に大型化する傾向も出てきます。専門の画家が腕をふるった額形式の豪華な大絵馬が登場し、絵馬を掛け鑑賞するための絵馬殿が造られたりもしました。一方、一般の絵馬師や参拝者自身が描いた小絵馬も生まれ、これらは拝殿内や境内の絵馬掛けに吊るされました。絵の題材は、大絵馬には武者や歌人、小絵馬には祭礼の模様や干支、祈願の内容などさまざまでした。そして、その小絵馬が現代へとつながっているのです。現在では、絵馬は祈願のみならず、お土産としての性格のものも出てきています。

おみくじは御神籤と書きます。その起源も古代に遡《さかのぼ》ります。古代においては、亀の甲羅を焼いて、そのひび割れ方で神様のご意向をうかがう亀卜《きぼく》が行われました。『日本書紀』には、有間皇子《ありまのみこ》が「ひねりぶみ」を選び取って謀反《むほん》の吉凶を占ったとあり、紙片などで作ったくじで神慮をうかがったことが記されています。語源は、くじの形態から「串」だとする説や、訴訟やもめ事などを公正に判断する「公事《くじ》」からきたとする説など諸説があります。現在のようなおみくじの形態が生まれたのは鎌倉時代のことといわれています。後に、寺院でもこれをまねて行うようになりました。おみくじが境内の木の枝によく結ばれていますが、これは願い事が「結ばれるように」との思いからきているようです。木を傷めることもありますから、指定の場所がある場合には、そちらに結ぶようにしましょう。日々の指針として持ち帰ってもかまいません。

ポイント⑮

古くから馬は神様の乗り物とされ、それは神馬と称されてきた。絵馬は本物の馬を神様に奉納したことに由来する。おみくじは、古くから「くじ」で神慮をうかがったことに由来する。

16 お札やお守り、神様の数え方について教えてください

どこの神社にも、お札《ふだ》やお守りを頒布している場所があります。社務所の場合もありますが、これを授与所といいます。絵馬もここで頒布してもらえます。お札は「お神札《ふだ》（しんさつ）」や「神符《しんぷ》」・「守札《まもりふだ》（しゅさつ）」ともいわれ、一般にいうお守りは守札に含まれます。お札は、神社のご祭神の名前や霊威を表す文字や図像、神社の名前が記されたものなど、さまざまな種類があります。お守りは、お札を小型化したものです。どちらも、神様の前でお祓いされたもので、神様のご分霊とも、神様の力を宿したものとも考えられています。

お札は、一般的には神棚《かみだな》に祀りますが、門や玄関、台所や柱などに貼ったりする場合もあります。お札、お守りとも歴史は古く、守り袋などに入れて身につける「懸守《かけまもり》」は、平安時代に貴族の間で広まりました。鎌倉時代になると武士の間にも広まっていきます。それが、江戸時代になると庶民の間にも浸透し、懐《ふところ》などに入れて持ち歩くようになり、さまざまな形のものが生まれました。もとは素朴な木片や小さな書付《かきつけ》のようなもので、それを首にかけたりしていつも肌身離さずにしていたことから「肌守《はだまもり》」とも呼ばれていました。

お札やお守りを数える単位は「体《たい》」で「一体《いったい》、二体」と数えます。神様については、一柱《ひとはしら》、二柱《ふたはしら》というように「柱」を単位に数えます。その理由は、人々が神様が依りつく樹木をご神木として神聖視してきたことがあると思われます。柱を神に見立てる信仰は、青森の三内《さんない》丸山遺跡など縄文時代の遺跡からも見出されますし、古代からの歴史をもつ長野の諏訪大社で寅と申《さる》の年に7年目ごとに行われる「御柱祭《おんばしらまつり》」が有名です。また、平安時代に編纂された『延喜式《えんぎしき》神名帳《じんみょうちょう》』に収録されている神社のご祭神は、「二座《にざ》、三座」などと「座」を単位に数えられています。ちなみに神輿《みこし》は「基《き》」で「一基《いっき》、二基」です。

ポイント⑯　お札やお守りを数える単位は「体」。神様については「柱」あるいは「座」を単位に数える。神輿は「基」を単位とする。

17 破魔矢について教えてください

正月の授与所で人気なのが破魔矢《はまや》です。これは魔除けの飾り矢で、絵馬や鈴が付けられていて「御神矢《ごしんや》」とも呼ばれています。破魔矢は、現在も全国各地の神社で正月に見られる弓射《きゅうしゃ》の行事に由来するともいわれています。この弓射の行事には、いろんな形態があります。例えば、弓術の流派による武芸の奉納や、氏子地域の地区ごとに弓を競ってその年の作況を占う年頭の年占《としうら》神事と呼ばれるものなどが有名です。また、江戸時代から明治初年にかけて、男児の初正月を祝って、破魔弓と呼ばれる二張りの飾り弓に矢をそなえたものを贈る風習がありました。それが簡素化されて、矢を魔除けとして神社で授与するようになったと考えられています。ちなみに、男児の矢に対して、女児の初正月には羽子板《はごいた》が贈られました。

破魔矢は建築工事の無事を祈願する上棟祭《じょうとうさい》（棟上《むねあ》げ）の際に、弓とともに使われる習俗も残っています。鬼門《きもん》の方角である東北や裏鬼門の方角である南西にそれぞれ破魔弓と破魔矢を立てて、この方向に向けて弓の弦を鳴らす所作《しょさ》をする「鳴弦《めいげん》の儀」を行うのです。

魔を破る矢と書くことから、破魔矢の語源はその意味にあると考えられがちですが、これは当て字であり、古くは、「はま」は弓矢で射る的《まと》のことであり、また、的を狙う弓矢の競技そのものを意味する語であるとする説もあります。

破魔矢は、その年の干支が描かれた絵馬が付いていたりして、１年間、お飾りする縁起物《えんぎもの》です。縁起物とは、年初や縁日に参拝者に授与され、飾っておくと神仏の加護が得られ縁起がいいとされているものです。注連縄や門松などの正月飾りをはじめ種類はさまざまです。その多くは社寺に由来し、有名なところでは酉《とり》の市《いち》の熊手やお多福の面などがあり、他に、招き猫や宝船などもあります。飾る場所は、神棚や床の間などのほか、玄関や鴨居の上などの清浄なところであれば問題はありません。

「縁起」とは、もともとは仏教用語で「因縁生起《いんねんしょうき》」、つまり、さまざまな「因縁」によって「物事が起きる」ことをいいます。それが転じて、社寺の創建の由来やそれを記した文書のことを指すようになりました。一方で、縁起は物事の吉凶の前触れ、その理由といった意味もあります。この吉凶の前触れという意味から、江戸時代になって「縁起がいい」とか「縁起をかつぐ」といった表現が生まれ、縁起祝いや縁起直しなどの風習となって広く一般に普及しました。

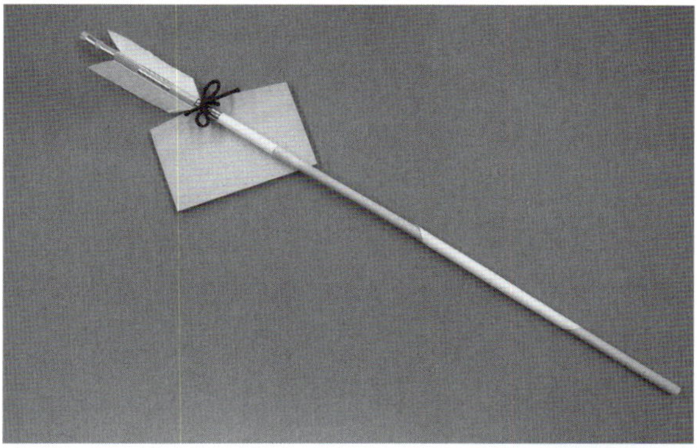

破魔矢

酉の市の熊手

各地の鷲（おおとり）神社などで毎年11月の酉の日に行われるお祭りで授与される竹熊出。新年に福をかきこむようにとの願いが込められる

ポイント⑰

魔除けの飾り矢である破魔矢。それは、年頭に弓を競って作況を占う年占神事などに由来する。また、破魔矢は、門松や熊手などと同じ縁起物でもあり、上棟祭の際にも用いられる。

18 昇殿参拝の作法① 玉串料と服装について教えてください

これまで、一般の参拝作法や参拝後のことがらについて説明してきました。参拝が終わり、お札やお守りなどを頒布してもらったら、ご本殿に向けて一礼し、最後に鳥居を出るときに一礼して境内を離れましょう。複数の鳥居がある場合は、鳥居ごとにご本殿に向かって一礼して離れるとより丁寧でしょう。

改まって参拝したいときや、特別な祈願がある場合には、社務所か授与所で申し込み、拝殿内で参拝することができます。神社によっては神楽殿で行う場合もありますが、これを昇殿参拝《しょうでんさんぱい》、もしくは正式参拝といいます。特に願い事に関する祝詞《のりと》をあげてもらう場合には、ご祈願やご祈祷ともいいます。

ご祈願やご祈祷の場合、お願いしたい内容をあらかじめ告げ、玉串料《たまぐしりょう》を納めてお祓いを受けてから、神職の案内で昇殿します。玉串料とは、神様にお供えする金品のことをいいます。ご神前に金品やお酒などを奉納するときの表書きは、「玉串料」「御榊料《おさかき》」「初穂料《はつほ》」や「御神前」「御供《おそなえ》」などが一般的です。玉串とは、「真榊」の項目（42ページ）で少しふれましたが、榊の枝に紙垂《しで》や木綿《ゆう》を付けたもので、お参りのときに神前に捧げるものです。ですから、玉串料や御榊料とは、その代わりの金品ということになります。初穂料とは、これも「お賽銭」の項目（36ページ）で少しふれましたが、その年に初めて収穫された米の代わりにお供えするものという意味になります。

服装は、普段の参拝とは違い、ご神前により近づくわけですから一定の配慮が必要です。本来ならば洋装・和装ともに正装とすべきところですが、洋装の場合、男性は略礼服（ブラックスーツ）やダークスーツなど、華美にはならないネクタイ・ジャケットを着用し、女性の場合はそれに準じる服装がふさわしいでしょう。和装の場合は、男性は紋付羽織袴、女性は黒の留袖・振袖を最上位の正装（「五つ紋」）とし、場に応じて「三つ紋」、「一つ紋」となります。特に女性の和装については、訪問着での参拝は華やかで場を引き立たせますが、華美になりすぎないように注意が必要です。昇殿参拝の作法は、地鎮祭《じちんさい》などの神事にも共通することですから覚えておくと便利でしょう。

拝殿では、立って拝礼する立礼《りゅうれい》か、座っての座礼《ざれい》かのどちらかになります。立礼の場合は胡床《こしょう》（写真）などの腰かけを用い、座礼の場合には正座をします。

座礼のときに注意したいのは、本殿の真ん中にあたる中心線には座らないことです。先にもふれましたが、神様の正面を正中《せいちゅう》といい、神様の通り道になるからです。ご本殿の構造によっては拝殿の真ん中が正中にあたるとは限りませんから、神職の指示に従いましょう。立って行う立礼は、座って行う座礼の作法に準じて行います。昇殿参拝の詳しい作法の説明の前に、正座での立ち座りの作法について、写真に沿って説明します。

玉串料

熨斗（のし）袋は市販のものを使う場合、紅白の水引（みずひき）など慶事用のものを選ぶ

胡床

ポイント⑱

申し込めば、玉串料を納めて拝殿か神楽殿で特別に昇殿参拝ができる。玉串料とは神様にお供えする金品のこと。昇殿参拝では一定の作法が伴う。男性であればジャケット・ネクタイ着用が原則で、女性もそれに準じた服装。状況によっては華やぎのある服装でもよい。

19 昇殿参拝の作法② 正座と敬礼の作法について教えてください

まず、注意したいのは、座る前と立った後に必ず浅い礼をすることです。この浅い礼を小揖《しょうゆう》といいます。座るときには正中（またはご神前）に近いほうの足から膝をつき、立つときには正中（またはご神前）より遠いほうの足から立つのが作法です。また、ご神前に限りませんが、畳敷きであれば、畳のへりに立ったり座ったりしないのが礼儀です。座布団などの敷物が出された場合には、立ち座りの際に敷物を踏まないようにします。座るときは、敷物の手前に足を進めて敷物に膝をあて、足のつま先を立てたまま膝を前に進めてにじり寄り、敷物の中央に正座します。立つ場合は、つま先を立てて敷物の前か後ろにすり膝で進み、敷物の上に立たないように注意します。

敬礼の作法には、拝と揖などがあります。拝は最も敬意を表す動作で、腰を90度折ってひれ伏します。揖は拝に次ぎ、45度腰を折る深揖《しんゆう》と15度腰を折る小揖があります。お祓いを受けるときには、深揖の姿勢をとります。祝詞《のりと》や祓詞《はらえことば》が奏上されているときには深揖より深めの60度傾けた姿勢をとります。やや専門的になりますが、これらの姿勢を座礼では平伏《へいふく》、立礼では磬折《けいせつ》といいます。何度も繰り返し敬礼を行うのは神様を丁重に敬うことの表れなのです。これらの敬礼の名称や角度の決まりも大切ですが、神様を敬う気持ちを忘れないようにしたいものです。

正座

小揖

両手の指先をおろし軽く畳につけて15度の礼

深揖

お祓いを受けるときは、肘を伸ばしたまま両手を膝の前につき、45度上半身を傾ける

祓詞や祝詞奏上のとき

両手を肘の前につき、ひじを軽く曲げて60度上半身を傾ける

拝

腰を90度折ってひれ伏す

ポイント⑲ 敬礼の作法には拝と小揖、深揖などがある。

20 昇殿参拝の作法③　修祓と神様へのお供えについて教えてください

席に着いたら、まず修祓《しゅばつ》です。これは、参列者の心身についた罪穢《つみけが》れを祓う行事です。神職が参列者の罪穢れが祓われることを神様にお願いする祓詞《はらえことば》を奏《そう》上《じょう》します。この間、立礼の場合、参列者は立ち上がって、座礼の場合は座ったまま、上体を60度傾けて頭を下げる姿勢をとります。昇殿参拝の場合、進行次第と姿勢についてアナウンスされることが多いので、それに従っていくといいでしょう。祓詞の奏上が終わると、姿勢を元に戻します。

次に神職が案《あん》（机状の台のこと）などに置かれた大麻《おおぬさ》（写真）や塩湯《えんとう》などでお祓いをします。神様にお祈りするときに捧げる物や、罪を祓うときに差し出す物を幣《ぬさ》（麻《ぬさ》）といい、大麻とは、その幣（麻）を美しく称えて呼んだものです。御幣《ごへい》（40ページ）のところでも説明しましたが、幣には主として、木綿《ゆう》や麻《あさ》などの布が用いられました。紙垂《しで》も幣の一種です。榊に紙垂を付けたものや、六角または八角の白木の棒に紙垂を付けたものが大麻として使われ、参列者の頭上で左右左と振ってお祓いをします。塩湯は塩をお湯で溶かしたものです。この塩湯に榊の葉先を浸して、左右左の順で参拝者に降り注ぎます。この間、参拝者は上体を45度傾けて頭を下げる姿勢をとります。

修祓の際の祓詞には、死者の世界である黄泉《よみ》の国《くに》から帰ってきた伊邪那岐命《いざなきのみこと》が、心身に着いた穢れを祓うために阿波岐原《あわきはら》で禊祓《みそぎはらえ》を行った神話が読み込まれています。つまり、身に着けていたものを脱ぎ払うことによる祓え（大麻）と、海水に身を浸《ひた》す禊（塩湯）を行ったわけです。神様をお祭り（祀り）する祭事はこの修祓から始まり、神職はじめ参列者、また神様へのお供えまで、神前に出るものはすべて修祓を受けます。祓えには大麻の他、紙や布を細かく切った切幣《きりぬさ》や人形《ひとがた》、米などを用いる場合や、塩湯を省略し大麻だけの場合もあります。

修祓が終わったら着席します。次は斎主一拝《さいしゅいっぱい》です。お祭りを主宰する人を斎主といい、神職が務めます。その斎主がまず神前に進み一拝するのです。参列者も斎主に合わせて一拝します。参列者は立礼の場合は立ち上がり、上体を90度倒して敬礼します。斎主一拝の後は、献饌《けんせん》です。神様のお召し上がり物（食事）を神饌《しんせん》といいますが、これを神様にお進めすることです。米や酒、海の幸、山の幸、塩、水などが神前に祭員によって供えられます。神饌はあらかじめ献饌されている場合もあります。祭員とは祭事に奉仕する人のことで神職が務めます。神饌は神社によって違いがあり、神社独特の特殊な神饌が献上されることもあります。神饌は「ミケ」（御饌）ともいいました。神の出現を祝い、食事をお出しして神様をもてなし、神と人が共に食事をするのが日本の祭りの特徴です。ですから、古くは人が用意できる最高のものを豪華に供えていたと考えられています。

案

大麻

神饌

ポイント⑳

修祓は、罪穢れを祓う行事。祓詞を奏上し、大麻や塩湯を使って行われる。また、神様の召し上がり物を神饌という。古くは、人が用意できる最高のものを豪華に盛りつけた。

21 昇殿参拝の作法④　祝詞と玉串拝礼について教えてください

献饌が終了したら、次は、祝詞《のりと》奏上です。参列者の願いを斎主が独特の文体で神様に伝え祈念します。祝詞の起源は、天石《あめのいわ》屋《や》戸《と》神話の際に、天児《あめのこ》屋《やね》命《のみこと》が「フトノリトゴト」を申し上げたことにあり、先の祓詞《はらえことば》も祝詞の一種です。

この間、参列者は立礼であれば立ち上がり、上体を60度傾けて敬礼します。よく、昇殿参拝でフラッシュをたいて写真を写している人がいますが、フラッシュはもとより祝詞奏上のときは撮影そのものも厳禁です。神様にお願いをしているわけですから当然です。祝詞奏上の間は、心静かに願い事の成就を念じてお参りをしたいものです。

祝詞奏上が終了すると、次は玉串拝礼《たまぐしはいれい》になります。これは、神様に玉串を奉《たてまつ》る作法でお参りするものです。玉串は先にも説明したように、榊に木綿や紙垂を付けたものです。玉串の捧げ方についての作法は、右の写真を参考にしてください。参列者が団体であったり数が多かったりする場合は、それぞれの代表者が玉串を奉り、関係者は後ろで代表者に合わせて２拝２拍手１拝の作法でお参りをします。ただし、神社によって作法に違いがある場合があるので、指示があった場合には神職の指示に従うようにしてください。

玉串を捧げて拝礼を済ませたら、次は撤饌《てっせん》になります。これは、神様に捧げた神饌が祭員によって下げられることをいいます。撤饌の前に巫女による舞などが入る場合もありますし、撤饌を行わない場合もあります。その後、再び斎主一拝が行われます。参列者は斎主に合わせて一拝します。最後は直会《なおらい》です。直会は、神前から下げた神饌やお神酒《みき》を斎主はじめ祭員、参列者が飲食して神様の力をいただくことです。

これは、お祭りに際して事前に行った潔斎《けっさい》を解いて通常の生活に戻るために行うこと、とする説もあります。神様のお祭りに際しては、人々は心身ともに清浄にするためにお籠《こも》りして肉食を断つ（斎戒《さいかい》）など、厳しい禊を行っていました。神職は今でも大きなお祭りの際には、厳格に潔斎を行っています。一般的なご祈願・ご祈祷の昇殿参拝では、拝殿を退出する際にお神酒をいただくという形に簡略化されています。ちなみにお神酒は昔も今もお祭りにはつきものです。それは貴重なものであり、神話の時代から不可欠のものとされてきました。お神酒をいただいて非日常的な境地に至り、神々との交流を深める意義があるととらえられていたようです。

神職から玉串を受け取る際には、左手で先のほうを下から支え、右手でもとのほうを上から持つ。胸のあたりで少し肘を張り、玉串の先のほうを少し高くする（写真❶）。神前の玉串案（玉串を捧げる机状の台）の前まで進み、15度の敬礼

玉串を右に90度回し（写真❷）、左手を玉串のもとのほうへ下げ、両手でもとを持ち祈念をこめる（写真❸）

左手を神前に進め、そのまま玉串を右に回す（写真❹）

もとのほうを神前に向けて、一歩進んで案の上に置く（写真❺）

ポイント㉑ 祝詞奏上のときは上体を60度傾けて敬礼する。フラッシュはもとより撮影は厳禁。次は玉串拝礼。撤饌のあと直会となる。

第3章
全国的な神社の由来が知りたい

22 仏教が神社に及ぼした影響について教えてください

先に、神社には仏教など外来宗教の影響が見られる例もあると説明しました。その背景にあるのは神仏習合《しんぶつしゅうごう》という考え方です。全国的な神社の由来を紹介していく前に、その考え方について簡単に説明しておきましょう。

仏教は6世紀の中頃に日本に伝わりました。当初、仏教でいう仏《ほとけ》は、日本の神に対して、外国の神として受け取られていました。当時、朝廷では、仏教を受容するかどうかで対立が見られましたが、徐々に広まっていきます。そして、仏教が広まるにつれ、主に仏教者の側から、仏と日本の神々の関係をどう捉えたらいいか、その考え方が出てくるようになるのです。

まずは、奈良時代に、日本の神々もこの世のあらゆる存在と同じように輪廻《りんね》の中で苦しむ存在だから、仏教によって救済しなくてはならないといった考え方が出てきます。この考え方によって、地方で日本の神様を救済する神宮寺《じんぐうじ》が神社の境内に建てられる例が出てきました。一方で、日本の神々は仏を守る存在であるとの考え方も出てきます。仏教はインドで生まれましたが、もともと仏教ではインドの神々を仏法を守る存在として考えたからです。この考え方によって、寺院の境内やその近所に神社を勧請《かんじょう》（分祀《ぶんし》、お遷し）する例が出てきます。

平安時代になると、本地垂迹説《ほんじすいじゃくせつ》という考え方が出てきます。これは、仏こそが神の真の姿「本地」であり、日本の神々は人々を救済するために仮に神という姿で日本に現れた「垂迹」であるといった考え方です。そして、熊野神の真の姿は阿弥陀如来《あみだにょらい》であるとか、春日神の本地は不空羂索観音《ふくうけんさくかんのん》であるといった神と仏の対応関係がいわれ始めました。この説によって、神は仏と同体（神仏習合）と考えられるようになったのです。また、日本の神々は仏の仮の姿の現れとする考え方から（仏が権《か》りに神として現れる）蔵王権現《ごんげん》など権現という新たな神様の称号（神号）が生まれます。

仏教文化の影響を受けて、神像《しんぞう》を作る例も奈良時代には出てきていました。もともと、日本の神々は自然の依代に依りつくものと考えられてきましたが、仏教における仏像の影響を受けたようです。そして、神社のご本殿に神像や仏像を安置し、神社の境内に寺院を建て、神職と並んで僧侶が祭祀や管理を行う例も出てきました。これを宮寺《みやでら》といいます。ただし、祭祀においては、神職は神式で、僧侶は仏式で行っていました。また、神事においては仏教を入れてはならないとする考え方もありました。鎌倉時代には反本地垂迹説も出てきます。これは、神こそが仏の真の姿であり、仏は神の仮の姿であるとする神本仏迹説《しんほんぶつじゃくせつ》です。本地垂迹説は、江戸時代までにさらに儒教などの影響もあってさまざまな考え方に派生していきます。

一方、仏教や道教、陰陽道《おんみょうどう》の影響を受けて成立したのが修験道《しゅげんどう》です。日本では、山々は神々がいらっしゃる聖地と捉えてきました。そして、その山で厳しい修行を行い、超越的な力を身につけ、広く人々の救済を図ろうとするのが修験者（山伏《やまぶし》）です。その成立の過程からもわかるように、ここでも神仏習合の考え方が進んでいきます。平安時代になると、真言宗《しんごんしゅう》や天台宗《てんだいしゅう》の寺院が山々に寺院を設け、修行のための山岳霊場を作っていきます。そして、各地の山々に修験道場が成立していきますが、代表的なものが奈良の吉野、和歌山の熊野、山形の出羽三山《でわさんざん》、福岡の英彦山《ひこさん》などです。

国学《こくがく》など江戸時代中頃に新たに出てきた思想の影響もあり、明治時代になって、神仏習合は廃止されます。明治政府は神仏判然《はんぜん》令を出します。それは、権現などの仏教風の神号の廃止と、神社からの仏像や仏塔の除去などを内容としたものでした。同時に、僧侶が、寺院と神社を兼ねて業務を行うことも禁止されました。一部には、仏像や宮寺を打ち壊すなど過激な廃仏毀釈《はいぶつきしゃく》が行われるなど混乱もありましたが、これにより、神社の中にあった仏教的要素と、寺院にあった神道的要素をともに除去し、神社と寺院の区別を明確にする神仏分離が行われたのです。続いて、修験道も廃止されました。

ポイント㉒

平安時代に成立した本地垂迹説。仏が神の本来の姿であり、日本の神々は仏が仮に神の姿をして日本に現れたものとするこの説は、神社にも影響を与えた。また、仏教の影響で神像も作られ、境内に寺院が設けられるところも出てきた。神仏習合思想はさまざまに発展し、明治時代になると、神仏判然令が出され神仏分離が進められた。

23 八幡さんについて教えてください

ほぼ全国的にお宮が存在するといわれるのが八幡さんです。八幡神社は八幡宮や八幡社と称される神社も多く、八幡大神《はちまんおおかみ》（応神《おうじん》天皇・誉田別尊《ほんだわけのみこと》）を主祭神として、応神天皇の母神である神功皇后《じんぐうこうごう》と比売《ひめ》大神をご祭神としています。比売大神とは、多岐津姫命《たぎつひめのみこと》と市杵嶋姫命《いちきしまひめのみこと》、多紀理姫命《たぎりひめのみこと》の三女神とする場合が多く、応神天皇の父神や御子神《みこがみ》をお祀りするところもあります。

八幡さんの起源は、大分県宇佐市に鎮座する宇佐《うさ》神宮です。第29代欽明《きんめい》天皇の時代（５３９～５７１年）に宇佐の地に祀られるようになった八幡神は、奈良時代の東大寺大仏造立に際し、その加護をするお告げを出されます（神様がお告げを出すことを託宣《たくせん》という）。上洛して東大寺の守護神として鎮座され（現・手向山《たむけやま》神社）、仏法守護の神様としても崇められていきます。

以前から、九州の重要な位置に鎮座し八幡神の神威を尊んでいた朝廷からは、この国家的大行事の成功に際し、仏号である「大菩薩《だいぼさつ》」の称号も奉《たてまつ》られます。これは神仏習合のさきがけの一つともなったもので、「八幡大菩薩」の称号はここに由来しています。また、同時代末の僧・道鏡《どうきょう》による皇位簒奪《さんだつ》計画を、その託宣により阻止したことも有名です。このことにより皇位守護の神として崇められていきます。

さらに、平安時代には国家の守護神として、都の裏鬼門（南西）の方角である男山《おとこやま》に鎮座することを託宣し、勧請されました。これが、現在の石清水《いわしみず》八幡宮です。同宮は鎮護国家、王城鎮護の神様として朝廷から篤く尊崇され、伊勢の神宮に次ぐ「第二の宗廟《そうびょう》」と称されました。

この石清水八幡宮で元服の式をあげたのが、八幡太郎義家として名高い源義家です。義家の父・頼義は、源氏の頭領として八幡神を源家の氏神とし、鎌倉の地に勧請して武門の守護神として崇めました。後に、頼朝が鎌倉幕府を開いて現在の地に勧請し、幕府の守護神として祀ったのが現在の鶴岡《つるがおか》八幡宮です。以後は、武家の守護神として各地で祀られるようになっていきました。その後、時代が変わっても、八幡神は武士の守護神であり続け、八幡信仰はあまねく全国に広まっていったのです。

宇佐神宮

創祀は欽明天皇 32 年（571）。
ご本殿は典型的な八幡造で国宝

石清水八幡宮

創祀は貞観元年（859）。
石清水八幡宮文書など指定文化財も多い

鶴岡八幡宮

創祀は康平 6 年（1063）。ご本殿は国の重要文化財で指定文化財も多い

ポイント㉓

八幡さんの主祭神は八幡大神（応神天皇・誉田別尊）。宇佐神宮、石清水八幡宮、鶴岡八幡宮が代表的な神社で、仏法守護、国家鎮護、武門の神様として歴史的に尊崇を集めてきた。

24 お稲荷さんについて教えてください

「赤い鳥居と狐」を誰もが連想するお稲荷さん。実際、稲荷神社は日本で最も数が多い神社ともいわれています。その総本社ともいわれるのが京都の伏見《ふしみ》稲荷大社で、主祭神は宇迦之御魂大神《うかのみたまのおおかみ》です。

全国の稲荷神社の多くはこの伏見稲荷大社が勧請されたものです。各地の稲荷神社では、宇迦之御魂神や、保食神《うけもち》、御食津神《みけつ》などを主なご祭神としています。このご祭神名につく「うか」「うけ」「け」は古く食物を意味する言葉です。また、「稲荷」は「稲成り」「稲生り」の意味でしたが、神様が稲を荷《にな》っている姿でイメージされるようになり「稲荷」の字があてられたと考えられています。

このように、お稲荷さんは農業の神様であり、古くから稲作を中心としてきた日本人にとっては親しみやすく、また、重要な神様だったわけです。時代が下って商工業が盛んになると、商売繁盛の神としても崇敬されるようになりました。江戸時代になると、商家や町に朱塗りの鳥居と稲荷の社が造られるようになっていったのです。また、漁村では漁業の神様としても信仰されています。

さて、お稲荷さんと狐の関係には諸説ありますが、お稲荷さんが農業神であることと関係があるようです。古くから日本人は、「田の神」は、春になって山から降りて来られ、また、秋になって収穫が終わると山に帰って「山の神」になられると考えていました。そして、春先になると山から人里近くに現れるようになる狐の姿を「山の神」、つまり「田の神」のお使い、ひいてはお稲荷さんのお使いとして神聖視したのだとも考えられています。それは、先にご祭神のところで説明した「御食津神」が、後に、「三狐津神」と記述されたことからも、狐を神聖視した関連がうかがえます。

お稲荷さんといえば、２月最初の午《うま》の日の初午祭《はつうまさい》が有名です。これは、伏見稲荷大社の社伝によれば、和銅４年（７１１）２月の午の日に、稲荷神が稲荷山三ケ峰に鎮座されたことに由来します。当日、伏見稲荷大社で頒布される「験《しるし》の杉」は、各家庭に稲荷神を招来するものとして信仰されています。稲荷神は、平安時代に仏教の荼枳尼天《だきにてん》と習合しました（習合に関しては58ページ参照）。そのため、初午の行事は愛知県の豊川稲荷（曹洞宗）などの寺院でも行われています。

伏見稲荷大社

京都東山連峰の南端にある稲荷山三ケ峰とその西麓周辺に鎮座。稲荷山三ケ峰は尊敬を込めて「お山」と呼ばれている

千本鳥居

本殿から奥社奉拝所への参道に並ぶ。すべて信仰の篤い人からの奉納による。お山の参道全体では約1万基の鳥居がある

験の杉

ポイント㉔

お稲荷さんは農業の神様で、京都の伏見稲荷大社はその総本社ともいわれる。神使が狐であることも農業の神様であることに関連する。食物の神様でもあり、後に商売繁盛の神様として諸産業の神様となった。

25 天神さんについて教えてください

天神さんは、天満宮や天神社、菅原神社などのことで菅原道真公《すがわらのみちざね》（菅公《かんこう》）をご祭神として祀る神社のことです。その代表的な神社は福岡の太宰府天満宮《だざいふてんまんぐう》と京都の北野天満宮です。

菅原道真公は平安時代初期の人で、学問の名家に生まれ、文章、詩歌に優れ、政治的には右大臣にまで上りました。しかし、その才能を恐れた左大臣・藤原時平《ときひら》などにより無実の罪に問われ九州に左降されてしまいます。そして、その２年後、道真公は太宰府の地で身の潔白を訴えながら59歳で亡くなります。

すると、都では災害異変が続発します。道真公を無実の罪に陥れた人物たちが次々に亡くなり、宮中に雷が落ちる事態まで発生します。貴族はもとより人々は、これを道真公の怒りが招いたものと考えました。そのため朝廷では、道真公の位階を右大臣に戻し、さらに太政大臣の位を贈るなど道真公の怒りを慰めることに努めました。東国では平将門《まさかど》の乱、西国では藤原純友《すみとも》の乱も発生します。当時の人々は、非業の死を遂げた人の魂に対し、畏れと敬意を込めて御霊《ごりょう》と呼びました。御霊を鎮め、怒りによる混乱を回復しようとする信仰を御霊信仰と呼びます。そのような時代背景のなか、当時の人々は、道真公がこの世に怒りを抱き天変・天候を司る火雷《からい》天神になったと考えたのです。「天満大自在《てんまんだいじざい》天神《てんじん》」とも称されますが、これは、「天に満ちて自在に威徳を示される神」という意味です。

太宰府天満宮は、道真公が亡くなった地に廟所を建ててその霊をお祀りしたのが創祀です。北野天満宮は、ある神職の息子と巫女に託宣が下り、北野の地に創祀され朝廷の守護神として篤い崇敬を受けました。

天神さんは、当初は怒る神、天変の神と捉えられていましたが、次第にそのご神徳が変化していきます。道真公の生前のご事蹟から朝廷の守護神として、和歌や連歌の神として、火雷天神という天候を司るご神威から農耕の神として、さらには無実の罪を晴らす神としても信じられ、さまざまな神として信仰されていきます。江戸時代になると、学問の神様として寺子屋や藩校などの学校で祀られました。

そのような経緯を経て天神さんは全国でお祀りされています。

太宰府天満宮

創祀は延喜5年（905）

北野天満宮

創祀は天暦元年（947）

天神さんの縁日は毎月25日だが、これは道真公の誕生と薨去の日が25日にあたるため。神紋の梅は道真公の愛された花で、境内の牛の像は道真公が丑年生まれで牛を大切にされたなどの言い伝えによる。書道の神様としても信仰され、それにちなむ行事も多い

ポイント㉕

学問の神様、受験の神様として名高い天神さん。ご祭神は菅原道真公。もとは、道真公の怒りを鎮めて秩序を回復しようとする信仰が始まりだった。道真公の生前のご事蹟から、徐々にさまざまな神様として信仰されるようになった。

26 熊野神社について教えてください

世界遺産登録で一躍有名になった紀州（和歌山県）にある熊野三山を信仰の対象とする神社のことです。熊野三山とは、熊野本宮《ほんぐう》大社と熊野速玉《はやたま》大社、熊野那智《なち》大社を総称したものです。

熊野本宮大社は素盞嗚尊《すさのおのみこと》とされる家津美御子大神《けつみみこのおおかみ》を、熊野速玉大社は伊弉諾《いざなぎの》尊《みこと》とされる熊野速玉大神と伊弉冉尊《いざなみのみこと》とされる熊野夫須美大神《ふすみのおおかみ》、熊野那智大社は熊野夫須美大神を主祭神としてお祀りしています。

熊野は、初代・神武天皇が九州から大和に向けて東征して来られた際のゆかりの地として有名で、平安時代にはすでに広い信仰を集めていました。熊野は『日本書紀』に伊弉冉尊が熊野の有馬村に葬られたと記されているように「死者の国」とされ、古くからの霊地でした。また奈良時代には、神々の坐《いま》すこの山々で修行する人が多数いました。このような環境のなか、熊野の山々は修験《しゅげん》の霊場としても有名になり、仏教や修験道の信仰も混合して特別な信仰環境を形作っていったのです。

熊野三神は神仏習合によって熊野三所権現《ごんげん》とも呼ばれ、それぞれ阿弥陀如《あみだにょ》来《らい》・薬師如来《やくしにょらい》・千手観音《せんじゅかんのん》とも考えられました。あるいは、諸祭神を含めて熊野十二所権現とも称されました。上皇·法皇《ほうおう》によるご参拝も盛んに行われました。これを熊野御幸《ごこう》と称します。さらに、貴族、武士、庶民にいたるまで全国から多くの参詣者が集まりました。その数の多さは「蟻の熊野詣《もうで》」と呼ばれたほどです。京都や大坂から１カ月以上をかけて、山深く険しい道（熊野古道）を歩いて参詣に向かったのです。

鎌倉時代以降になると、熊野御師《おし》や熊野比丘尼《びくに》といった存在が熊野信仰を全国に普及させていきます。熊野御師は熊野を参詣する人たちの宿泊や祈祷の世話をする人たちのことです。比丘尼とは出家した女性のことを指しますが、全国を歩き、熊野参詣曼荼羅《まんだら》などを使ってわかりやすく、そのありがたさを説いていったのです。時宗《じしゅう》の開祖である一遍聖人《いっぺんしょうにん》は、本宮に参詣した際に託宣を受けて、極楽往生を約束する念仏札を配るようになったといわれています。修験者たちの全国での活動も大いに信仰を広げる結果となりました。こうして熊野の神様は全国に勧請されていったのです。

熊野本宮大社

和歌山県田辺市本宮にある。創祀は今から2000年以上前の崇神天皇65年

熊野速玉大社

和歌山県新宮市にある。創祀は景行天皇58年（128）

熊野那智大社

和歌山県東牟婁郡那智勝浦町にある。現在の社地の創建は仁徳天皇5年（317）

三山とも神使は八咫烏（やたがらす）。その烏をあしらった特殊なお札「牛王宝印（ごおうほういん）」が有名。「那智の火祭」など伝統的な祭礼も多い

ポイント㉖

熊野三山を本社とする熊野神社。熊野三山とは熊野本宮大社、熊野速玉大社、熊野那智大社のこと。山々に囲まれた聖地は、仏教や修験道の影響もあって特異な信仰環境を作って発展してきた。

27 お諏訪さまについて教えてください

諏訪神社は長野県に鎮座する諏訪大社を総本社とする神社で、建御名方神《たけみなかたのかみ》をご祭神として、妃神である八坂刀売神《やさかとめのかみ》ほかを合わせ祀る場合もあります。

『古事記』によると、天照大御神の命により高天原《たかまのはら》から出雲の地に降りてきて、この国を譲るよう交渉しに来られた建御雷神《たけみかずちのかみ》に、建御名方神は最後まで抵抗しますが、力比べをして敗走し、科野《しなの》（信濃）国の洲羽海《すわのうみ》（諏訪湖）まで退いて服従し、自らはこの地を出ないことを誓われました（公式テキスト②『神話のおへそ』「天つ神と国つ神の力比べと国譲り」参照）。

この建御名方神をお祀りするのが諏訪大社です。諏訪大社には上社《かみしゃ》と下社《しもしゃ》があり、諏訪湖を挟んで鎮座しています。さらに上社は本宮《ほんみや》と前宮《まえみや》からなり、下社は春宮《はるのみや》と秋宮《あきのみや》で構成されています。下社の場合、ご祭神は２月１日に春宮へお遷りになり、８月１日になると春宮から秋宮へお遷りになります。また、上社・下社ともにご本殿がありません。上社は磐座《いわくら》を通して山（守屋山《もりやさん》）を拝み、下社は幣拝殿《へいはいでん》の奥の斎庭《ゆにわ》に立つ木をご神体としていて、祭祀の古式を今に保っています。

諏訪大社といえば、７年目ごと、寅と申の年に行われる御柱祭《おんばしらさい》が有名です。上社、下社それぞれに山から樹齢２００年程の樅《もみ》の巨木を８本切り出し、木遣《きや》りに合わせて人力のみで曳《ひ》き、各お宮の４隅に建てるもので、急坂や川など御柱を曳きまわす勇壮な姿はテレビなどでおなじみです。８０４年、第50代桓武天皇の時代に始まったといわれるお祭りです。そして、諏訪大社での御柱祭が終了すると、他の諏訪神社や関連神社でも御柱祭が行われるのです。

お諏訪さまは、鍛冶《かじ》（製鉄）の神様でもあり、水の神様でもあります。建御名方神の「御名方《みなかた》」は製鉄に関連しているといわれ、また、諏訪湖の「水の潟《かた》」ともいわれるからです。風の神様としての信仰もあります。また、狩猟の神様としても崇められました。中世には、多くの武将からも崇敬を受け、「日本第一大軍神」とも称されました。甲斐（山梨）の武田信玄は戦勝祈願をし、同社の幟《のぼり》を立てて出陣しました。その他、農耕、開拓の神様として幅広いご神徳を有したため、お諏訪さまは信濃国のみならず各地で勧請されました。

諏訪大社

年間200以上のお祭りが行われ、古代の祭祀の形式を今に伝える。厳寒期に諏訪湖の氷に生じる裂け目はお諏訪さまの「御神渡り(おみわたり)」と信仰され神事が行われる

ポイント㉗

諏訪神社は長野県に鎮座する諏訪大社を総本社とする神社で、建御名方神をご祭神として、妃神である八坂刀売神ほかを合わせ祀る場合もある。さまざまな神威があり、信濃のみならず全国で勧請されて信仰が広まった。

28 祇園さん、天王さんについて教えてください

祇園《ぎおん》さん、天王《てんのう》さんとは、全国にある祇園社、天王社などのことです。ご祭神はともに出雲神話の八岐大蛇《やまたのおろち》退治で有名な荒ぶる英雄神・素戔嗚尊《すさのおのみこと》（須佐之男命）です（公式テキスト②『神話のおへそ』参照）。

祇園社・天王社の総本社は京都・祇園の八坂《やさか》神社です。愛知県津島市に鎮座する津島神社も有名です。なぜ祇園社というかというと、八坂神社はもともと祇園社と呼ばれていたからです。天王社という名の由来は、神仏習合時代に牛頭天王《ごずてんのう》をお祀りしていたからです。ちなみに、津島神社は旧称を津島牛頭天王社といい、牛頭天王は素戔嗚尊と同じ神様であるとされていました。

八坂神社といえば祇園祭が有名です。祇園祭は平安時代中期に始まった御霊会《ごりょうえ》が起源です。先にもふれましたが、当時の人々は、「厄災」を世の中に怒りや怨みをもったまま亡くなった人の御霊のせいであるとともに、疫病の流行を疫病を司る神様のせいと考えました。牛頭天王はインドのお寺の守護神で、病気をはやらせる神様と考えられていました。そこで、この牛頭天王をお慰めするお祭りを行ったわけです。この御霊会は疫病が頻発した平安京の人々に熱狂をもって迎えられました。御霊会は祇園祭となって発展し、やがて地方に伝わり、山車《だし》や曳《ひ》きまわしなど形を変えながら各地の祭りとなっていきました。

一方、牛頭天王はやはりインドの神様である武塔《むとう》天神とも同体と考えられました。武塔天神についてはこんな話が伝わっています。武塔天神（武塔神《むとうのかみ》）が旅をしているときに、裕福なある人に宿を請うたところ断られてしまいます。そこで、その人の兄である蘇民将来《そみんしょうらい》の家で宿泊をお願いすると、貧しいにもかかわらず、もてなしてくれました。すると、武塔天神は、自分がじつは須佐雄能神《すさのおのかみ》であることを明かし、疫病が流行したときには、「茅《ち》の輪《わ》」を腰につけると免れることを教えたのです。夏に神社で「茅の輪くぐり」を行うことや、祇園祭で「蘇民将来之子孫也《そみんしょうらいのしそんなり》」と書かれた護符がついた粽《ちまき》をいただき、それを厄病除けにするのは、この話に基づいた信仰です（『備後国風土記』）。

津島神社では、7月に水上で尾張津島天王祭が行われます。厄病除けのお祭りといわれていますが、織田信長が愛したという豪華絢爛な祭礼で、こちらも全国的に有名です。

八坂神社

創祀は斉明天皇２年（656）。明治の神仏分離まで「祇園社」「感神院」などと称した

尾張津島天王祭

津島神社の創祀は欽明天皇元年（540）。天王祭の期間は３カ月にわたる

ポイント㉘

祇園さん、八坂さん、天王さん、津島さんと呼ばれる素戔嗚尊を祀った神社の総本社は、京都の八坂神社。愛知の津島神社も有名。神仏習合時代は牛頭天王をお祀りした。祇園祭の起源は平安中期の御霊会で、それが発展して全国に伝わった。

29 白山《しらやま》さんについて教えてください

白山《はくさん》は、富士山と立山と並ぶ日本三大霊山の一つです。白山とは単独の山名ではなく、御前峰《ごぜんがみね》、大汝峰《おおなんじみね》、別山《べっさん》などの総称で、古くから人々の信仰を集めてきました。

石川、福井、富山、岐阜の４県にまたがり、ほぼ一年を通じて雪をいただく姿は「越《こし》のしらやま」の歌枕で知られ、『万葉集』や『古今和歌集』にも詠まれています。「越」とは北陸道の古称で、白山は北陸のみならず広い地域から望むことができます。日本海からも見ることができました。白山は多くの水系を生み、川となって各地に水を運びました。白山は平野部では農耕灌漑の用水を司る神の鎮まる山であり、海で働く人にとっては自分の船の位置や漁場を知ることができる漁労、航海の神の山だったのです。その信仰は今も続いています。

さらに、白山は亡くなった人の魂が鎮まる山と信じられ、神々が宿る神体山《しんたいさん》でした。みだりに入って神聖さを侵してはならない山だったのです。そんな白山に、奈良時代以降の修験道の発展によって、修行のため信仰のために入る修験者が増えてきました。平安時代中期には、加賀（石川）、越前（福井）、美濃（岐阜）の三方から白山山頂へと至る登拝路《とはいろ》が開かれ、その起点には「馬場《ばんば》」ができます。各馬場には白山の神を祀る社が建ち、多くの参拝者を集めました。

加賀馬場の中心だったのが白山本宮《ほんぐう》（現・白山比咩《しらやまひめ》神社）です。越前馬場の拠点が中宮平泉寺《ちゅうぐうへいせんじ》（現・平泉寺白山神社）で、美濃馬場の中心となったのが白山中宮長滝寺《ちょうりゅうじ》（現・長滝《ながたき》白山神社）でした。中世には、この３馬場を拠点として白山修験道と神仏習合の一大信仰圏が白山に成立しました。その発展と軌を一にして、白山信仰は北陸・東海を中心に全国に広がっていったのです。

全国の白山神社の総本社ともいわれるのが白山比咩神社で、ご祭神は白山比咩大神と伊弉諾尊《いざなぎのみこと》、伊弉冉尊《いざなみのみこと》です。白山比咩大神は『日本書紀』に登場する菊《くく》理媛神《りひめのかみ》とされています。「くくりひめのかみ」の「くくり」とは物事を「括り結ぶ」意味とされ、「国生み」神話で有名な伊弉諾尊と伊弉冉尊を仲直りさせた調和の神様です。白山山頂には白山比咩神社の奥宮《おくみや》があります。ちなみに、同一神社で複数のご本殿が存在する場合、山の頂上や中腹にあるものを山宮《やまみや》、麓にあるものを里宮《さとみや》といいます。山宮は奥宮、奥社《おくしゃ》、上社《かみしゃ》などとも呼ばれます。

白山比咩神社

社伝によると創祀は約2100年前の崇神天皇7年。源氏の崇敬が篤く、特に木曽義仲が信仰した

白山

山容は広範囲から望まれ、神の鎮まる山として今も崇敬を集めている

ポイント㉙

白山は、水の神、漁業・航海の神、祖霊の集まる山として信仰されてきた。中世には白山修験と神仏習合の信仰圏が成立。全国の白山神社の総本社は白山比咩神社。ご祭神は白山比咩大神で、この神様は菊理媛神とされる。

30 日吉さま、山王さまについて教えてください

日吉神社《ひえ》は日枝神社《ひえ》と書くところもあり、呼称は「日吉」の場合、「ひよし」と読むところがあります。さらに山王社《さんのう》と呼ぶところもありますが、これは総本社の日吉大社《ひよし》と比叡山・延暦寺との関係に由来します。

日吉大社は滋賀県大津市に鎮座し、東には琵琶湖を西には比叡山を望む場所に位置しています。古くから、日吉大社は日枝山（比叡山の東尾にある山）の山の神である大山咋神《おおやまくいのかみ》をお祀りしてきました。日吉神社の読み方は、本来は「日枝山・比叡山」の「ひえ」だったのが、後に「吉」という好字をあてて、「ひよし」とも呼ばれるようになったようです。

天智天皇が都を大津の地に遷されると、翌年（６６８）、日吉大社には奈良の三輪山《みわやま》より大和国《やまと》の守護神ともいうべき大神《おおみわ》神社の大己貴神《おおなむちのかみ》が勧請されます。

そして、延暦７年（７８８）、この地で生まれ育った最澄（日本の天台宗開祖）は比叡山に比叡山寺（延暦寺の前身）を創建します。以後、日吉大社は延暦寺一山の鎮守神、天台宗の護法神とされていきました。日吉の神が「山王さん」と呼ばれるようになったのは、天台宗の中国の本山が「山王元弼真君《げんひつしんくん》」を護法神として祀っていたことによるといいます。ここから天台宗における神仏習合思想は発展していきました。山王権現という呼び方も生まれてきます。日吉大社には多くの神様が祀られていますが、それぞれの神に本地仏が定められ、延暦寺は日吉大社に対する信仰を天台教学の中に取り入れていきました。明神《みょうじん》鳥居の上に三角形をのせた形の山王鳥居も、神道と仏教の習合を表した山王思想を形として現したものともいわれています。こうして、天台宗の全国布教とともに、日吉神に対する信仰も広まっていったのです。

日吉大社といえば、毎年４月に行われる勇壮な山王祭が有名です。その山王祭では天台宗の僧侶たちが神前で読経を行います。山王祭に限らず、今も往時の名残をうかがうことができます。

東京・赤坂の日枝神社は、江戸城を築城した太田道灌《どうかん》が鎮守神として大いに崇めたものといわれています。江戸時代には幕府の鎮護社となっていきました。日枝神社の山王祭も神田神社の神田祭と並んで江戸を二分する祭りとして大いに賑わい、今に続いています。

日吉大社

社伝によると創祀は約2100年前の崇神天皇７年。東本宮と西本宮があり、全部で７柱の神々をお祀りしていることから「山王七社」と呼ばれる

山王鳥居

ポイント㉚

日吉神は天台宗の護法神とされ、天台宗の全国布教にともない全国に広まった。山王さんの呼称はその天台宗との関係による。総本社は日吉大社でご祭神は大山咋神と大己貴神（大国主神・おおくにぬしのかみの別名）。

31 香取さま、鹿島さまについて教えてください

香取《かとり》神社の総本社は千葉県香取市の香取神宮で、ご祭神は経津主大神《ふつぬしのおおかみ》、鹿島《かしま》神社の総本社は茨城県鹿嶋市の鹿島神宮で、ご祭神は武甕槌大神《たけみかづちのおおかみ》です。古来、「香取・鹿島」と並び称され、国家鎮護の軍神として崇敬されてきました。利根川下流の水郷地帯を挟んで、北に鹿島神宮が、南に香取神宮が鎮座しています。『日本書紀』によれば、経津主神と武甕槌神は天照大神《あまてらすおおみかみ》の命を受けて、高天原《たかまのはら》から出雲の国へ降臨し、大国主神《おおくにぬしのかみ》と交渉の結果、この国を譲らせることに成功されます。そして、国内を巡り、あらぶる神々を平定し東国の平定にあたったとされています（公式テキスト②『神話のおへそ』「天つ神と国つ神の力比べと国譲り」参照）。

大和朝廷の時代から、香取・鹿島の両地は東国開拓・経営の拠点とされ、両宮に対する信仰は広がっていきました。奈良時代に春日大社が創建されるときには、鹿島大神（武甕槌命）が勧請されています。平安時代には、伊勢の「大神宮」を除いては、両宮のみが「神宮」と号されました。武家政権になると武神として歴代将軍から崇敬され、また、武芸者からも篤く尊崇されました。今でも、よく武術の道場では「鹿島大明神」と「香取大明神」の掛軸が対になって掛けられているのを目にします。

また、霞ヶ浦など湖沼が集まる水郷地帯に鎮座する香取神宮は、漁業・舟運の神としても信仰されてきました。中世まで、この地域は今では想像できないくらいの内海が広がっていました。香取の地は、舟の交通の拠点だったのです。鹿島神宮は太平洋に臨む地域であることから、航海を司る神としても信仰されてきました。さらに、その立地から「境《さかい》の神」として、地域への邪霊の侵入を防ぎ、疫神を送る信仰もあったようです。境内には要《かなめ》石と呼ばれる石があります。これは、地中で地震を起こす大鯰《なまず》の頭を押さえている石といわれて信仰されています。

香取・鹿島神宮では12年ごとの午《うま》年に連携して行われる大祭があります。古い歴史をもつこの祭りは、かつては毎年行われていました。この祭りのほかにも、両宮では古式ゆかしい神事が毎年多く斎行されています。

鹿島神宮

社伝によれば創祀は約 2670 年前の神武天皇即位の年

香取神宮

古伝によれば創祀は約 2650 年前の神武天皇 18 年

ポイント㉛

香取神社の総本社は香取神宮で、ご祭神は経津主大神、鹿島神社の総本社は鹿島神宮で、ご祭神は武甕槌大神。古来、国家鎮護の軍神として崇敬されてきた。漁業、航海の神様でもある。

32 春日さまについて教えてください

春日神社の総本社は奈良の春日大社です。春日大社は古くから神様が宿る神《かん》奈備《なび》山として有名な春日山（御蓋山《みかさやま》）の麓に鎮座しています。春日大社は朝廷からも崇敬を集めた国家鎮守の神であり、歴史的に隆盛を極めた藤原氏の氏神です。

今からおよそ１３００年前の奈良時代のはじめ、御蓋山の山頂に前項で紹介した鹿島の神・武甕槌命が勧請されます。そして、神護景雲２年（７６８）に、香取から経津主命と河内《かわち》（大阪）の枚岡《ひらおか》から天児屋根命《あめのこやねのみこと》と妃神である比売神《ひめがみ》をお迎えして創建されたのが春日大社です。古くから４祭神は藤原氏の前身であった中臣《なかとみ》氏の守護神でした。中臣氏は河内に根拠（本拠）をもち、東国にも一族が勢力をもっていました。武甕槌命と経津主命は藤原氏の氏神であり、天児屋根命は祖神《おやがみ》（祖先神）だったのです。これを「春日四所明神」とも、４柱の神を一神格として「春日大明神」とも称しました。

また、春日大社は平城京の守護神として尊崇を受けました。藤原氏が皇室の外戚となっていったため、朝廷は崇敬と特別の待遇を寄せていきます。同社の春日祭は、京都の上賀茂・下鴨神社の賀茂祭、石清水八幡宮の石清水祭とともに、天皇のお使いである勅使《ちょくし》が参向する三勅祭でした。祭礼の発展とともに、貴族のみならず、後には武士も参加するようになり、さらに庶民にも崇敬のすそ野を広げていきます。また、藤原氏が支配する荘園《しょうえん》に勧請されて、全国的に信仰が広まりました。一方、隣接する藤原氏の氏寺《うじでら》・興福寺とともに発展し、春日四所明神には神仏習合思想も加わりました。平安時代末期には春日曼荼羅《まんだら》が盛んに制作されました。

保延《ほうえん》元年（１１３５）には、ご祭神の天児屋根命と比売神の御子神《みこがみ》・天押雲根命《あめのおしくもねのみこと》をお祀りする若宮神社が創建され、翌年から興福寺とともに春日若宮おん祭が行われます。これは、長年にわたる飢饉と疫病退散のために行われたものですが、この祭りでは舞楽《ぶがく》、猿楽《さるがく》、田楽《でんがく》などの諸芸能が奉納され、今も日本の芸能を語るうえで重要な祭儀となっています。

春日さまをお祀りする神社は、春日神社だけでなく、京都の大原野神社や吉田神社などがあります。

春日大社

神使の鹿とともに、境内に3000基以上を数える石灯籠は春日灯籠と呼ばれ有名。国宝や重要文化財も多数

ポイント㉜

春日神社の総本社は春日大社。4柱のご祭神は藤原氏の氏神や祖神で守護神。平城京の守護神となり、朝野の崇敬を集めて全国に信仰が広まった。春日祭は三勅祭の一つで、春日若宮おん祭も有名。

33 愛宕さん、秋葉さんについて教えてください

愛宕神社《あたご》、秋葉神社《あきば》はともに火伏《ひぶ》せ・火防《ひぶ》せ（防火）の神様として信仰されています。全国の愛宕神社の総本社は京都の北西部にある愛宕神社で、秋葉神社の総本社は静岡県浜松市の秋葉山本宮秋葉神社です。愛宕神社は若宮に迦遇《かぐ》槌命《つちのみこと》をお祀りしていて、秋葉山本宮秋葉神社のご祭神は火之迦具土大神《ひのかぐつちのおおかみ》です。

表記は違いますが、同じ火の神様で、『古事記』によれば、火之迦具土神は伊邪那美命《いざなみのみこと》から生まれた神様で、伊邪那美命はこの神様を産んだときに陰部を焼かれて亡くなります（公式テキスト②『神話のおへそ』「多くの神々を生んだ伊邪那美命の死」参照）。愛宕神社は愛宕山の山頂にあり、秋葉山本宮秋葉神社は秋葉山《あきはさん》頂近くにあります。両神社とも修験者が集まる神仏習合の修験の霊場としても栄えました。愛宕の本地仏が勝軍地蔵《しょうぐんじぞう》とされたことから、戦国期以降は自軍を勝利に導くとして武家からの信仰も集まります。江戸時代には「伊勢には七度、熊野へ三度、愛宕さんへは月参り」といわれ、庶民の信仰を集めました。「火迺要慎《ひのようじん》」と書かれた愛宕神社のお札は、今も、京都の家庭の台所やお店で貼られているのを見かけます。「愛宕の三つ参り」といわれ、3歳までに参拝すると一生火事に遭わないとされ、7月31日夜から8月1日未明にかけて参拝すると千日分の参詣の功徳があるといわれます。

秋葉の神様への信仰も、中世には修験者によって全国に広まっていたようですが、江戸時代には「秋葉大権現」として、さらに信仰を集めるようになります。「秋葉祭」と称して、秋葉大権現をのせた神輿《みこし》を村から村へと送り、東海道沿いに京都と江戸に向かって進んでいったことがありました。これに対し、幕府は治安を乱すとして禁令を発しましたが、この事件が噂となって全国的に知られることになり、各地で勧請されて庶民の信仰を集めました。伊勢や金比羅《こんぴら》さん詣《もう》で、また、旅行の途中に秋葉参詣をする人も多く、本社から放射状に延びる街道は「秋葉街道」と称されて賑わい、街道筋には多くの常夜灯も立てられました。

秋葉山本宮秋葉神社は、今も火防せの神様として信仰されており、12月15～16日には「秋葉の火祭り」が行われます。

愛宕神社

創祀は大宝年間（701 ～ 704）。本社に伊弉冉尊などをお祀りする

秋葉山本宮秋葉神社

創祀は和銅２年（709）。秋葉山頂の上社と山麓の下社からなる

ポイント㉝

愛宕神社、秋葉神社はともに火伏せの神様として信仰されている。愛宕神社の総本社は京都の愛宕神社で、秋葉神社の総本社は静岡県の秋葉山本宮秋葉神社。

34 こんぴらさんについて教えてください

こんぴらさんと呼ばれる神社は金刀比羅神社《ことひら》、金比羅神社《こんぴら》、琴平神社《ことひら》などのことですが、総本宮は香川県琴平町に鎮座する金刀比羅宮《ことひらぐう》です。

「こんぴら船々　追風《おいて》に帆かけて　シュラシュシュシュ」で有名ですが、これは順調な航海の様子をうたっています。金刀比羅宮は独特の形をした琴平山(象頭山《ぞうずさん》)の中腹に鎮座しています。いにしえには、琴平山の近くにまで瀬戸内の海が迫っていたといい、周りに高い山のない讃岐平野の中で、航海や漁業を営む人にとって格好の目印になっていたようです。また、琴平山は神様が宿る山で、足を踏み入れてはならない禁足地でした。同時に、降雨量の少ない環境のなか、水を恵んでくれる山だったのです。こうしたことから、金刀比羅宮は、航海、漁業、農業、雷、水の神などとして信仰されていました。

このあたりは海上交通の要地でした。江戸時代になり航海技術の発展にともない金比羅信仰は全国的なものになっていきます。伊勢参りと並んで「一生に一度はこんぴら参り」といわれ、多くの参詣者が訪れました。大坂からは毎日のように船が出て、四国のすべての道は金比羅に通じるといわれ、道中には道標が立ち宿場が栄えていきました。

船絵馬や船舶関連の奉納は今も続いています。また、「流し樽」という風習もあります。海上からこんぴらさんを遥拝《ようはい》して、酒を入れた樽に名前を書いた幟《のぼり》を立てて海に流すと、それを拾った人が金刀比羅宮に届けるというものです。

主祭神の大物主神《おおものぬしのかみ》は「国作り」で有名な大国主神《おおくにぬしのかみ》の和魂《にぎみたま》の神《かみ》です。和魂とは、勢いのある状態である荒魂《あらみたま》に対して、おだやかな働きのことです（公式テキスト②『神話のおへそ』「海からやってきた協力者とともに国作り」参照)。

金刀比羅宮は古くは琴平神社と称しました。それが、神仏習合時代に金毘羅大権現と称されるようになりました。「こんぴら」とは「金毘羅（クンビーラ)」のことで、インドにおける仏法守護神の名前です。金毘羅神の神としての性格が大物主神に似ているという説から習合されたようです。また、インドではクンビーラの宮殿が象頭山という山にあるとされていたことから、琴平山も象頭山と呼ばれるようになりました。そして、明治の神仏分離以降、金刀比羅宮と称し今にいたっています。

金刀比羅宮

1368段の石段も有名。ご祭神は大物主神と崇徳天皇。大物主神は医薬、技芸など広範なご神徳をもつ神様として信仰されている

象頭山

金刀比羅宮は標高521メートルのこの山の中腹に鎮座する。春、秋のお祭りは優雅に、かつ大規模に執り行われる。同地で行われる伝統の「こんぴら歌舞伎」も有名

ポイント㉞

こんぴらさんと呼ばれる神社は金刀比羅神社、金比羅神社、琴平神社などのことで、総本宮は香川県の金刀比羅宮。海上交通の発展により全国的な信仰へと発展した。主祭神は大物主神。

35 住吉さんについて教えてください

住吉神社の総本社が大阪の住吉大社です。ご祭神は、底筒男命《そこつつのおのみこと》、中筒男命《なかつつのおのみこと》、表筒男命《うわつつのおのみこと》の住吉三神と神功《じんぐう》皇后（息長足姫命《おきながたらしひめのみこと》）です。

『日本書紀』によれば、住吉三神とは、伊弉諾尊《いざなぎのみこと》が泉国《よもつくに》（黄泉《よみ》の国）から帰って来られ、身についた穢《けが》れを祓《はら》うため海に入って禊祓《みそぎはらえ》をしたときに生まれた神様のことです。海底でお生まれになった神様が底筒男命で、海の中ほどでお生まれになった神様が中筒男命、海の上でお生まれになった神様が表筒男命です。

そして、第14代仲哀《ちゅうあい》天皇の后・神功皇后の新羅《しらぎ》遠征のときに、託宣を下してその戦いを助けられたのがこの住吉三神です。その後、長門に住吉三神の荒魂が、摂津に和魂がお祀りされました。

後者が大阪の住吉大社で、前者が山口県下関にある住吉神社です。また、福岡県博多にある住吉神社は、伊弉諾尊が禊をされ住吉三神がお生まれになった場所としてお祀りされています。

「住吉」は古くは「墨江」と書いて「すみのえ」と読みました。「すみのえ」とは「澄んだ入り江」のことです。住吉大社が鎮座する地は、かつてはすぐ近くまで海が迫っていました。遣隋使、遣唐使は大社の南にあった「墨江の津（港）」から出発しており、遣唐使は住吉大社に参拝してから乗船していました。

古くより朝廷から篤い崇敬を受けていた住吉大社は、中世になると、新羅遠征に赴かれた神功皇后をお祀りしていることから、武家の崇敬も集めました。江戸時代になって海運業が発達してくると、航海の神としてさらに信仰が広がっていきます。

一方、住吉の神は多くの文学作品に登場し、『伊勢物語』や『源氏物語』にも描かれました。住吉の海岸は風光明媚なところとしても有名で、歌会も多く催され、和歌の神様としても信仰されていきました。

住吉三神は禊祓によって出現された神様ですから、重要な祓の神様です。また、漁業、農業の神様としても庶民の信仰を集めていきました。

住吉大社

第一本宮から第三本宮までが一直線に並び、第四本宮が第三本宮の横に並ぶ、あたかも船団のような配置が珍しい。年間、多くの祭事が執り行われている。住吉三神に共通する「筒」という字は星の意味との説もあり、星は航海の神ともされる。住吉神は多くの文学作品に登場し、有名な「一寸法師」は住吉明神の申し子で、結婚式で長く歌い継がれている謡曲の「高砂（たかさご）」にも住吉神が登場する

ポイント㉟

住吉神社の総本社が大阪の住吉大社。ご祭神は、底筒男命、中筒男命、表筒男命の住吉三神と神功皇后（息長足姫命）。住吉大神はお祓いの神様であり、航海、和歌、農業などの神様である。

36 宗像さま、厳島さまについて教えてください

宗像《むなかた》神社は、宗形神社、胸形神社と書くこともありますが、宗像三女神《さんじょしん》をお祀りする神社で、総本社は福岡県宗像市に鎮座する宗像大社です。宗像三女神とは田心姫神《たごりひめのかみ》と湍津姫神《たぎつひめのかみ》、市杵島姫神《いちきしまひめのかみ》のことです。

この三女神は天照大神《あまてらすおおみかみ》と素戔嗚尊《すさのおのみこと》との誓約《うけい》によって生み出された神々です。『日本書紀』によれば、天照大神の住まわれる高天原《たかまのはら》に向かった素戔嗚尊の勢いに、天照大神は国を奪いに来たのではないかと疑います。そこで素戔嗚尊の本心を確かめるために行われたのが誓約です。素戔嗚尊の生み出された御子神《みこがみ》が男神であれば邪心なしと判断することになったのです。無事に疑いは晴れ、このとき、天照大神は剣から３柱の女神を生み出されます。それが、宗像三女神です。同じ内容が『古事記』にも記載されています（公式テキスト②『神話のおへそ』「天照大御神と須佐之男命の対決」参照）。

宗像三女神は天照大神の命を受けて宗像の地へ降臨されます。それが宗像大社です。宗像大社は玄界灘の真ん中に浮かぶ沖ノ島の沖津宮と、海岸に近い大島の中津宮、そして陸地である辺津宮《へつみや》からなっています。沖津宮には田心姫神が、中津宮には湍津姫神が、辺津宮には市杵島姫神がお祀りされています。

地図からもわかるように、辺津宮から中津宮、沖津宮を結んだ延長線上には、朝鮮半島があります。前項で紹介した神功皇后は新羅遠征のとき、航海の安全を宗像三女神に祈願されています。遣唐使も航海の途中で必ずここを参拝していました。宗像三女神は道主貴《みちぬしのむち》と称されます。「貴《むち》」とは神に対する貴い呼び方で、宗像三女神は貴い道の神であるという意味です。

実際、沖津宮が鎮座する沖ノ島からは、４世紀後半から10世紀初頭にいたる祭祀遺跡が出土しています。大陸や半島との交流にともない、ここで国家的なお祭りが行われていたのです。約８万点もの祭祀遺物には、中国やペルシャのものまであり、沖ノ島は海の正倉院とも呼ばれています。断崖絶壁の沖ノ島は今も女人禁制で、宗像大社の神職のみが常駐する神の島です（前掲『神話のおへそ』「筑紫・対馬」参照）。

宗像大社は、鎮護国家・皇室守護および航海の神として朝廷から崇敬されました。庶民からも漁業・航海・交通の神として信仰を集めてきました。辺津宮

に祀られる市杵島姫神は中世以降、民間信仰として広まった弁才天とも習合します。ですから、宗像大社は弁天社や弁才天社の総本宮とも言われています。

全国の厳島《いつくしま》神社も宗像三女神をお祀りしています。世界遺産にも登録され、通称「安芸《あき》の宮島」で有名な広島の厳島神社は、平安時代後期に、平清盛が篤く崇敬して発展し、今も信仰を集めています。古くから神の島として信仰されていた宮島は、いにしえには誰も住むことは許されず、神様を斎《いつ》き祀る島として「厳島」と呼ばれたのです。

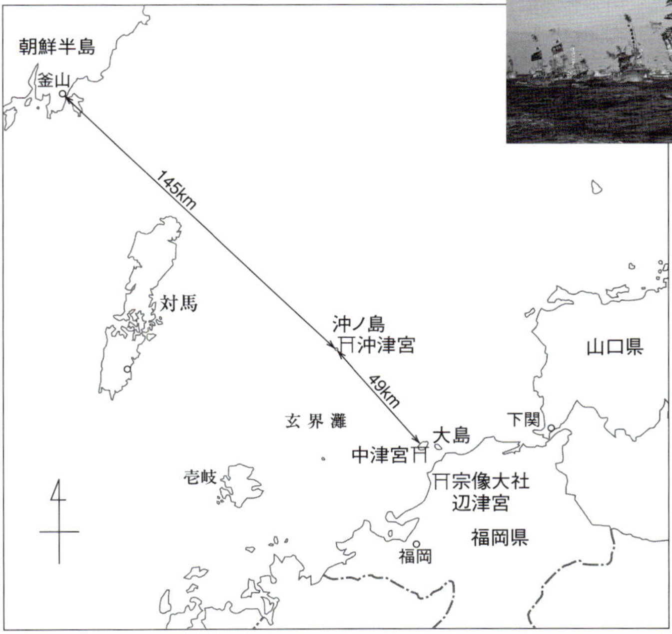

宗像大社で10月に行われる「みあれ祭り」では、旗や幟（のぼり）で大船団を組んだ漁船が神様にお供する

ポイント㊱

宗像神社の総本社は福岡県の宗像大社。宗像三女神をお祀りしている。鎮護国家・皇室守護、航海の神として信仰を集めてきた。沖ノ島からは祭祀遺跡が出土して「海の正倉院」とも呼ばれている。厳島神社も宗像三女神をお祀りしている。広島の厳島神社は平清盛の崇敬から発展した。

37 熱田さまについて教えてください

熱田《あつた》神社など全国の熱田信仰の中心地が名古屋市熱田区にある熱田神宮で、草薙神剣《くさなぎのみつるぎ》をご神体としてお祀りしています。主祭神は熱田大神《あつたのおおかみ》で、その草薙神剣を御霊代《みたましろ》として依らせられる天照大神《あまてらすおおみかみ》のことです。

記紀によれば草薙神剣は、素戔嗚尊《すさのおのみこと》が頭が八つ、尾が八つもある八岐大蛇《やまたのおろち》を退治されたとき、その尾から出た剣で、天叢雲剣《あめのむらくものつるぎ》とも呼ばれるものです。素戔嗚尊から天照大神に献上されたこの剣は、後に伊勢の神宮に祀られることになりました。その後、第12代景行《けいこう》天皇の皇子・日本武尊《やまとたけるのみこと》が東国の平定に向かう途中、伊勢の神宮で譲り受けられます。

尾張《おわり》国（愛知県西部）に向かわれた日本武尊は、朝廷に任ぜられた地方官である国造《くにのみやつこ》の娘・宮簀媛命《みやすひめのみこと》と婚約し、その兄にあたる建稲種命《たけいなだねのみこと》を伴って東へと進まれました。あるとき、尊に危難が降りかかります。敵に謀られ火に囲まれてしまったのです。そのとき、神剣によって周りの草を薙《な》ぎ払い、向かい火をして難を逃れられました。このエピソードにより草薙剣との名前になったといわれています。いくたびの試練を乗り越え東征を終えられた日本武尊は、尾張国で宮簀媛命と結婚されました。しかし、平穏な日々もつかの間、伊吹山の荒ぶる神を平定するため、神剣を宮簀媛命のもとに置いたまま出かけられます。そして尊は山の神に幻惑されて病にかかり亡くなられてしまうのです（公式テキスト②『神話のおへそ』「倭建命《やまとたけるのみこと》の旅路」ほか参照）。

宮簀媛命は尊の遺志を重んじ、熱田の地に神剣をお祀りされました。これが熱田神宮の創祀です。熱田神宮では、草薙神剣とゆかりの深い天照大神、素戔嗚尊、日本武尊、宮簀媛命、建稲種命をお祀りしています。建稲種命は尾張開拓の祖ともいわれます。草薙神剣は「三種の神器」の一つで、八咫鏡《やたのかがみ》、八尺瓊《やさかにの》勾玉《まがたま》とともに、歴代天皇が皇位のしるしとして受け継がれているものです。このような由緒から、熱田神宮は古くから特別の崇敬を受けてきました。

中世には、源頼朝の母が熱田大宮司の娘であったことから、頼朝が崇敬を深めました。その後も武家の信仰を集め、足利、織田、豊臣、徳川の諸氏も社殿造営などに努めています。江戸時代には熱田の門前町は、東海道の宿場町として大層な賑わいをみせ、熱田神宮に対する信仰は今に続いています。

熱田神宮

以前の社殿はこの地方独特の「尾張造」だったが、三種の神器を奉安する由緒から、明治 26 年に伊勢の神宮と同じ「神明造」のご社殿に変更された。織田信長が寄進した「信長塀」なども残っている

ポイント
㊲

熱田信仰の中心地は愛知県の熱田神宮で、草薙神剣をご神体としてお祀りしている。主祭神は熱田大神。三種の神器の一つをお祀りして、古来、特別の崇敬を受けてきた。

38 出雲大社について教えてください

出雲信仰の中心地が島根県出雲市に鎮座する出雲大社です。正確には「いづもおおやしろ」と称し、ご祭神は大国主大神《おおくにぬしのおおかみ》です。

記紀によれば、大国主神は「国作り」の大業を完成されると、天照大御神に国を譲られ、幽世《かくりよ》という目に見えない世界を治められます。天照大御神はこのことに感激され、もろもろの神に命じて大国主神のために壮大な天日隅宮《あめのひすみのみや》を建てられ、御子である天穂日命《あめのほひのみこと》に末永くお祀りするよう申しつけられました。

これが出雲大社の創祀です。この中の「天日隅宮」が出雲大社で、古くは、この地域の名称に因んで杵築大社《きづきおおやしろ》といいました。また、「天穂日命」の子孫は代々「出雲国造《いずもこくそう》」と称し、今日まで84代にわたって祭祀を執り行ってきています。出雲国造は新しく国造を世襲するにあたって、今も厳重な潔斎を経て、天皇陛下に「出雲国造神賀詞《かむよごと》」という特別な祝詞《のりと》を奏上します。これは奈良時代から国家の大事として重く扱われてきました。

神話伝承の中で出雲大社は「太く深い柱で、千木《ちぎ》が空高くまで届く」と形容されています。実際、平安時代中期には出雲大社は東大寺大仏殿よりも大きかったという文献があり、出雲大社の口伝によると、古くは高さ32丈（96メートル）、平安時代には16丈（48メートル、13階建てビルに相当）といわれていました。大社には平安時代末期の平面図が残っており、平成12年にその平面図を裏付ける遺構が境内から発掘されました。出雲大社は、伝承どおりの威容を現していたのです。

記紀神話のうち、3分の1が出雲に関わる神話です。大国主神は、国土を治める神という意味で、ほかにも、八千矛神や大穴牟遅神《おおなむじのかみ》など多くの別名もおもちです。これはご神徳の広さを示しています。大国主神に関しては、稲羽《いなば》の素《しろ》兎《うさぎ》を助けられ、多くの神から迫害され、根《ね》の国を訪問し、さまざまな試練を受けられるなど多彩な神話が語られます（公式テキスト②『神話のおへそ』「心やさしい大国主神と兎の予言」ほか参照）。

大国主神はその名前の「大国」を「だいこく」と読んで「だいこくさま」とも呼ばれました。その広いご神徳と由緒から、朝野を問わず信仰を集め、福の神としても信仰されています。

出雲大社

陰暦10月を神無月というが、出雲では神在月（かみありづき）という。全国から神様が集まられるといわれるためで、出雲大社および出雲のいくつかの神社で神様をお迎えしお送りする「神在祭」が行われる。大国主神をお祀りする神社は多い。下の写真は古代神殿の予想復元模型

ポイント㊳

出雲信仰の中心地が出雲大社。正確には「いづもおおやしろ」と称し、ご祭神は大国主大神。出雲神話に基づく古い由緒をもち、ご祭神のご神徳は幅広い。古代神殿は記紀神話に書かれているとおり壮大なものだったと推測されている。

39 賀茂社について教えてください

京都の５月といえば、王朝絵巻さながらの行列が街中を進む賀茂祭が有名です。この祭りは、祭儀に関わる人すべてが二葉葵《ふたばあおい》を桂《かつら》の小枝に挿して飾ることから一般に「葵祭」の名で親しまれています。賀茂祭は、天皇陛下の勅使が今も参向し、古くから重要な祭儀として位置づけられてきました。『源氏物語』や『徒然草』などの古典にもこの祭りが登場します。

賀茂祭を執り行うのが賀茂別雷神社《かもわけいかづち》と賀茂御祖神社《みおや》の両社です。その位置関係から、賀茂別雷神社は上賀茂神社《かみがも》、賀茂御祖神社は下鴨神社《しもがも》と呼ばれます。下鴨神社は京都を流れる賀茂川と高野川の合流点の北にあり、上賀茂神社はその合流点から賀茂川を北に４キロほど遡《さかのぼ》った東側の山麓に鎮座しています。両社とも別のご由緒をもっていますが、古代の賀茂氏（賀茂県主《あがたぬし》一族）の氏神をお祀りしていて、「賀茂社」と総称されることもあります。

上賀茂神社のご祭神は賀茂別雷大神です。社伝によれば、相当古い時代に同社の北北西にある神山《こうやま》に賀茂別雷大神が降臨され、第40代天武天皇の代（６７８年）に現在の社殿の基が造営されたといいます。ご祭神名のとおり、雷に関連する神様です。

下鴨神社のご祭神は賀茂建角身命《かもたけつぬみのみこと》と、その御子神・玉依媛命《たまよりひめのみこと》です。賀茂建角身命は古代の京都の土地を開拓された神様と伝えられています。また、記紀には、神武天皇が東征された際に、熊野から大和への難路を先導した八咫烏《やたがらす》の話が出てきますが、これは賀茂建角身命が八咫烏として現れたものとされています。『山城国風土記』には、玉依媛命が賀茂川の上流から流れてきた丹塗《にぬ》りの矢を拾われて、床に置いていたところ懐妊し、誕生されたのが賀茂別雷大神とされています。つまり、下鴨神社のご祭神である玉依媛命と賀茂建角身命は、上賀茂神社のご祭神である賀茂別雷大神の母神と外祖父神なのです。

賀茂社は奈良時代以前より朝廷の崇敬を受け、桓武天皇の平安京遷都後は王城鎮護の神社として格別に崇められました。また、嵯峨天皇の弘仁元年（８１０）より約４００年にわたって、伊勢の神宮の斎宮《さいぐう》にならい、斎王《さいおう》という未婚の皇女が斎院として特別の祭事に奉仕しました。

賀茂社、賀茂神社として全国に勧請されています。

賀茂別雷神社（上賀茂神社、写真上）**と賀茂御祖神社**（下鴨神社）

上賀茂神社を流れる御手洗（みたらい）川と下鴨神社の瀬見の小川はともに和歌に詠まれてきた。多くの神事が執り行われており、ご社殿は典型的な流造（ながれづくり）。下鴨神社の糺（ただす）の森も有名。糺の森周辺からは弥生時代の住居跡などが発掘されている

ポイント㊴

賀茂社は京都の賀茂別雷神社と賀茂御祖神社の総称。ご祭神は賀茂別雷大神と賀茂建角身命、玉依媛命で賀茂氏の氏神をお祀りする。創祀は古く、平安遷都後は王城鎮護の社として格別の崇敬を集めてきた。賀茂祭（葵祭）で有名で、全国に賀茂社・賀茂神社として勧請された。

40 貴船神社について教えてください

京都の北の奥深い峰々の中を鞍馬川と貴船川が流れています。その鞍馬川と貴船川の合流地点から貴船川を２キロほど遡《さかのぼ》ったところに貴船神社《きふね》は鎮座しています。貴船神社は「貴布禰神社」「木船神社」とも書き、ご祭神は高龗神《たかおかみのかみ》で、水を司る神様です。

『日本書紀』によると、伊弉冉尊《いざなみのみこと》は火の神・軻遇突智《かぐつち》を生んだときの火傷がもとで亡くなります。伊弉諾尊《いざなぎのみこと》は、その死を悼んで軻遇突智を３つに斬られます。すると、そのときに３つの神が現れます。その３つの神とは、雷神《いかずちのかみ》と山の神である大山祇神《おおやまつみのかみ》とこの高龗神です。

奈良時代には吉野山中の丹生《にう》川上神社が雨乞いの神とされていましたが、平安遷都後は丹生川上神社と並んで貴船神社が祈雨《きう》、止雨《しう》の神として朝廷から崇敬を受けました。

雨を祈るときは黒馬、止雨を祈るときは白馬か赤馬を献上するのが常だったといいます。しかし、時には生き馬の代わりに馬形の板に色を着けた「板立《いたたて》馬《うま》」を奉納することがあったといい、これが絵馬の原型といわれています。

貴船川は賀茂川の川上の一つでもあり、貴船神社と前項で紹介した上賀茂神社の関係は深く、一時期、貴船神社は上賀茂神社の摂社とされていました（摂社については21ページ参照）。貴船神社は文芸作品にも多く登場します。平安時代の女流作家として有名な和泉式部《いずみしきぶ》は、夫との関係がうまくいかなくなったときに同社を参詣して以下のような歌を詠んでいます。

　ものおもへば　沢の蛍も　わが身より　あくがれいづる　魂かとぞみる

あれこれと悩んで貴船神社に参拝してみると、蛍が乱舞していて、その蛍は自分の魂が抜けだしたものではないか、といった内容の歌です。それに対して、あまり思い悩んではいけないと、貴船の神から返しの歌がありました。

　おく山に　たぎりて落つる　滝つ瀬の　玉ちるばかり　物なおもひそ

その後、夫婦の仲はもとに戻ったということです。

一方、室町時代の謡曲「鉄輪《かなわ》」には、神託を得て、頭に鉄の輪をのせ、ろうそくをつけて貴船神社に丑《うし》の刻参りをする女性が出てきます。

江戸時代には、貴船神社は縁結びの神様としても信仰されていました。

貴船神社

創建は今から1600年ほど前の第18代反正天皇の時代ともいわれる。本宮より500メートル上流に奥宮があり、こちらが元の鎮座地

ポイント㊵

貴船神社のご祭神は高龗神で水を司る神様。平安時代以降、雨乞いの神として朝廷からの崇敬を集め、全国に勧請された。京都の貴船神社は文芸作品にも多く登場する。

41 松尾大社について教えてください

京都の嵐山にほど近い松尾山の麓に鎮座する松尾大社《まつのお》は、現在は酒造の神として名高い神社ですが、平安時代以降は、賀茂社と並んで王城鎮護の社として篤い崇敬を集めました。

ご祭神は大山咋神《おおやまくいのかみ》です。『古事記』によれば、大山咋神は、またの名を山末之大主神《やますえのおおぬしのかみ》といい、近江の日枝山に座し、また、松尾に座す神とあります。先に日吉大社のところでも説明した神様で（74ページ）、日枝山と松尾山の神です。同社の創建は第42代文武《もんむ》天皇の大宝元年（７０１）ですが、太古より、この地方一帯に住んでいた住民が、松尾山の山霊を頂上近くにある磐座《いわくら》に守護神としてお祀りしたのが始まりとされています(磐座については16ページ参照)。

５～６世紀になって、渡来氏族である秦氏《はた》の集団がこの地方に住むようになると、秦氏は松尾山の神を氏神として仰ぎ、地域の開拓を進めていったといわれています。伝承によると、大山咋神は丹波《たんば》国（京都中部、兵庫北東、大阪の一部）が湖であった大昔、住民の要望によって水路を開いて水を流し、丹波では沃野ができて、山城《やましろ》（京都）では荒野が潤った、といわれているのです。

こうして、農業、土木工事の神としても仰がれた松尾の神は、平安時代以降、朝廷の守護神とされ、全国的に勧請されるようにもなっていきました。また、秦氏は絹織物や酒造の技術も伝えたため、室町時代以降、松尾大社は「日本第一の酒造神」として仰がれるようになっていったのです。ご社殿の背後には霊泉「亀の井」があり、酒造家はこの水を酒の元水として使うため、持ち帰る風習があるといいます。

松尾大社は、ご祭神として中津島姫命《なかつしまひめのみこと》もお祀りしています。これは、宗像三女神の一つ、市杵島姫命《いちきしまひめのみこと》の別名です（宗像三女神については86ページ参照)。これも、渡来氏族の秦氏が、朝鮮半島との交流をする際に航海安全の神を勧請したためとされています。

毎年４月から５月にかけて行われる松尾大社のお祭りも古い歴史をもつものです。同社のお祭りでも、祭儀に関わる人やご本殿などに葵と桂を飾るので、賀茂社の賀茂祭と同様「葵祭」といわれてきました。

松尾大社

境内に入って目につくのは醸造家の献灯と奉納された数々の酒樽。松尾山頂近くの磐座は古くは禁足地であったが、今は、許可を受ければ拝観することができる。撮影は禁止。松尾山の尾根では古墳時代の群集墳が発見されている

ポイント ㊶

酒造の神として名高い松尾大社は、平安時代以降、京都の守護神として崇敬された。ご祭神は大山咋神と中津島姫命。古くは松尾山の山霊として仰がれ、渡来氏族である秦氏の氏神となり、松尾神に対する信仰が広がっていった。

42 浅間さまについて教えてください

日本を代表する霊峰・富士山に対する信仰です。浅間《せんげん》は古くは「あさま」と呼び、現在も噴煙をあげる浅間山のように火山を意味する言葉であったといわれています。また、「あさくま」（浅隅）の意味もあるとされ、これは、川の浅瀬を意味する古語で、湧《わ》き水の起源を表す言葉とも考えられています。ちなみに、その浅間が「せんげん」と呼ばれるようになったのは中世以降のことです。

浅間さまの代表的な神社は、静岡県の富士山本宮浅間《ほんぐうせんげん》大社です。社伝によると、第７代孝霊《こうれい》天皇の時代に富士山が大噴火し、被害は長期に及んだといいます。これを憂えられた第11代垂仁《すいにん》天皇は浅間大神を山麓にお祀りし、富士山を鎮められました。そして、大同元年（８０６）、現社地に社殿が建立され、以後、火山の神・水源の神として崇敬を集めました。

富士山の姿は『万葉集』などにも多く詠まれ、麗しい山容とともに神が宿る山として、古来、信仰を集めてきました。長らく地上から遥拝する聖地だった富士山は、平安時代末期には登る者も現れて、修験の道場となっていきます。そして、室町時代には山頂への道が開かれて、信仰のために登る山へと変化していきます。江戸時代になると、江戸を中心に富士山を信仰する人たちの団体「富士講」がいくつも結成され、庶民による富士登拝が盛んとなりました。

富士山に登拝する登山口はかつては７つあったといい、そのいずれにも古い由緒をもつ浅間神社が鎮座しています。その表口として参詣されたのが富士山本宮浅間大社で、北口として関東方面からの登拝者が集ったのが山梨県の北口本宮冨士浅間神社でした。

浅間神社の主祭神は木花開耶姫命《このはなさくやひめのみこと》です。名前の「木花」は桜を意味していて美しい姫神です。記紀によれば、木花開耶姫命は天孫《てんそん》・瓊瓊杵尊《ににぎのみこと》の后となられ、ご懐妊の際に、貞節を疑われたことに対して証をたてるため、戸のない産屋を作り、そこに火を放ちその中で無事に御子をお産みになりました（公式テキスト②『神話のおへそ』「木花之佐久夜毘売《このはなのさくやびめ》との結婚」参照）。ご祭神として瓊瓊杵尊、父神で山の神・大山祇神《おおやまつみのかみ》、姉神の磐長姫命《いわながひめのみこと》を併せてお祀りしているところもあります。

浅間さまには、富士神社、富士山神社などの社名のところもあります。

富士山本宮浅間大社

創祀の際に浅間大神をお祀りした地には社殿はなく、古木・磐座（いわくら）を通して富士山をお祀りする祭祀の原初形態を残している。富士山頂には奥宮が鎮座し、富士山の八合目以上は奥宮の境内地である

吉田の火祭り

山梨県富士吉田で８月下旬に行われる富士山の山じまいの祭りで、何十本もの大松明が焚かれる。社伝によれば、北口本宮冨士浅間神社が現在の地に創建されたのは延暦７年（788）

ポイント㊷ 浅間神社の主祭神は木花開耶姫命で、富士山を信仰の対象とする。浅間さまは、水の神であり火山の神でもある。

第4章 お祭りについて知りたい

43 神社のお祭りについて教えてください

祭りというと、デパートでは歳末感謝祭とか、あるいは、文化施設では国際映画祭や芸術祭、はたまた、フラワーフェスティバルなど、晴れやかに賑わいをみせる通常とは違ったイベント的な意味合いで使われることが多くあります。神社でのお祭りも、お祭りによっては武者行列が登場したり山車《だし》が行進して、笛や太鼓の調べが流れ、屋台が立ち並ぶといった賑やかな側面もあります。しかし、神社でのお祭りの本当の意味は、その賑やかな側面も含めて、心身を清め、神様に対面し感謝の心を捧げることにあります。その意味では、通常の神社の参拝となんら変わることはありません。

「まつり」の語源は、神様の力に従い奉仕する「まつらふ」という言葉に由来するといわれています。また、「まつり」という言葉は「まつ（待つ)」という言葉を含んでいます。大昔、神様は遠いところから来られて、山や岩、木などに宿ると考えられていました。つまり、神様が現れるのを「待ち」、神威に服することが「まつり」であるといわれているのです。いつの時代も人々は、心を尽くしたお供え物（神饌《しんせん》）を捧げ祈り、神様をおもてなしして日頃の神恩に感謝してきました。また、人々は「まつり」に参加することで、共に生きる人たちと喜びを分かち合ってきたのです。

それでは、現在の神社のお祭りの中で、全国で共通して行われるものを説明していきましょう。まず、お祭りは祭祀《さいし》と呼ばれ、その他、祭典、祭儀、祭事、神事とも呼ばれます。そして、祭祀は大祭と中祭、小祭に区分されています。

個々には、次ページ以降で詳しく説明していきますが、大祭として執り行われる祭祀として、例祭《れいさい》、祈年祭《きねんさい》、新嘗祭《にいなめさい》、式年祭《しきねんさい》、鎮座祭《ちんざさい》、遷座祭《せんざさい》、合祀祭《ごうしさい》、分祀祭《ぶんしさい》があります。

中祭には、歳旦祭《さいたんさい》、元始祭《げんしさい》、紀元祭《きげんさい》、昭和祭《しょうわさい》、神嘗《かんなめ》奉祝祭、明治祭《めいじさい》、天長祭《てんちょうさい》があります。小祭は、大祭および中祭以外の祭祀で、例えば、月次祭《つきなみさい》、日供《にっく》祭《さい》、除夜祭《じょやさい》などがあります。

以上が、全国の神社で共通して行われている祭祀ですが、他に神社ごとに特別の由緒がある祭祀などが、それぞれ大祭か中祭、小祭に準じて個々に行われています。

全国の神社で共通して行われる祭祀

大祭	中祭	小祭
例祭《れいさい》	歳旦祭《さいたんさい》	大祭および
祈年祭《きねんさい》	元始祭《げんしさい》	中祭以外の祭祀
新嘗祭《にいなめさい》	紀元祭《きげんさい》	
式年祭《しきねんさい》	昭和祭《しょうわさい》	例えば
鎮座祭《ちんざさい》	神嘗《かんなめ》奉祝祭	月次祭《つきなみさい》
遷座祭《せんざさい》	明治祭《めいじさい》	日供祭《にっくさい》
合祀祭《ごうしさい》	天長祭《てんちょうさい》	除夜祭《じょやさい》
分祀祭《ぶんしさい》		など

このほかに、神社ごとに特別の由緒をもつ祭祀が個々に行われている

ポイント㊸

神社のお祭りは、心身を清め、神様に対面し感謝の心を捧げること。イベントとは異なる。語源は「まつらふ」にある。全国の神社で共通して行われる祭祀があり、大祭、中祭、小祭に分けられる。

44 恒例の大祭について教えてください

例祭

神社にとって最も重要な祭祀で、通常、年に一度、執り行われます。その神社やご祭神にとって特別に由緒のある祭典で、俗に例大祭とも称されます。例祭の期日は神社によってさまざまで、ご祭神に関わりのある日や、神社の創建の日など、その神社にゆかりの深い日があてられています。神社によっては春と秋の年２回執り行われるところもあります。

祈年祭

古くは「としごいのまつり」と読み、奈良時代からの伝統をもつ祭儀で、穀物、とりわけ稲が豊かに実ることを祈る祭儀です。その伝統は今も続いており、宮中はじめ全国の神社で祈年祭が執り行われ、皇室および国家、国民の安泰もお祈りします（宮中の皇室祭祀に関しては 170 ページ参照）。「春祭り」とも称され、現在は２月 17 日に行われます。古代社会では稲作が産業の中心でしたが、現代では諸産業がさまざまに発展しているため、あらゆる産業の発展と国力の充実を祈願しています。

新嘗祭

春の祈年祭に対し、こちらは秋の収穫祭で「秋祭り」とも称されます。「しんじょうさい」とも「にいなめのまつり」とも呼ばれ、祈年祭とともに極めて古くから行われている祭儀です。宮中では 11 月 23 日より 24 日にわたって執り行われています。「新嘗《にいなめ》」とは新穀を神様に供えることを意味し、稲作を中心として発展してきた日本を象徴する重大な祭儀と位置づけられています。全国の神社では、神恩に感謝し、皇室、国家、国民の平和と繁栄をお祈りし、11 月 23 日に行われます。

以上の例祭、祈年祭、新嘗祭が神社で毎年執り行われる３大祭です。

ポイント㊹

毎年恒例で行われる大祭が、例祭と祈年祭と新嘗祭。例祭は、神社ごとに由緒のある祭典で神社にとって重要な恒例祭典。祈年祭は「春祭り」で穀物の生育を祈る祭祀、新嘗祭は「秋祭り」で収穫祭。祈年祭、新嘗祭とも日本を象徴する重大な祭儀だ。

45 臨時の大祭について教えてください

式年祭

定まった年ごとに行われる祭典で、式年とはある一定の期間を表しています。ご鎮座日など神社にとって特にゆかりのある日に基づくものが多く、３年、５年、10年、20年、30年、40年、50年、100年、以後100年ごとなどに祭祀が行われます。神社によっては６年、12年、60年ごとに行うところもあります。７年目ごとに行われる諏訪の御柱《おんばしら》祭や12年目ごとに行われる鹿島神宮、香取神宮の神幸《しんこう》祭（76ページ参照）などもあります。

鎮座祭

神社が新たに創建され、ご祭神が初めて鎮座されるときに行われる祭典です。

遷座祭

社殿の造り替えに際してご祭神をお遷しするときに行われる祭典です。造営前にご本殿から仮殿《かりでん》にご祭神をお遷しするときの祭典を仮殿遷座祭、造営完成後に仮殿からご本殿にお遷しするときの祭典を本殿遷座祭といいます。

社殿の造り替えは臨時に行われるものと、20年、60年など一定の周期をもって行われるものがあり、定期的なものを式年遷座祭といいます。先にも説明したように式年とは一定の期間のことを意味しています。遷座祭とは、時を定めて社殿を一新し、神威の一層の高まりを願う祭儀です。ご祭神のご動座をともない、神社にとって最も重要な祭儀とされています。

合祀祭

神霊を合わせ祀る祭祀です。神社を合併する場合と、ご祭神を新たに増加する場合などに執り行われます。

分祀祭

ご祭神を分け祀る祭祀です。新たに創建された分社にご祭神を分霊（勧請）する場合などに執り行われます。

ポイント㊺

臨時に行われる大祭には式年祭、鎮座祭、遷座祭、合祀祭、分祀祭がある。いずれも重要な祭儀で、特に式年祭、鎮座祭、遷座祭は神社にとって最も重要な祭儀。

46 中祭について教えてください

歳旦祭

元旦の朝に宮中はじめ全国の神社で行われる祭祀です。年・月・日の３つが新しくよみがえる元旦に、新年を祝い、皇室の永遠と国家の繁栄を祈念し、氏子・崇敬者ならびに社会の安定と平和を祈るお祭りです。

元始祭

１月３日に宮中および全国の神社で行われる祭祀です。皇室の永遠の発展と国運が盛大になることを祈る祭典です。戦前は祭日の一つでした。

紀元祭

２月11日の建国記念の日に執り行われるお祭りです。『日本書紀』によれば初代・神武《じんむ》天皇が大和《やまと》（奈良）の橿原宮《かしはらのみや》で即位されたのが辛酉《かのととり》年の正月１日とあります。この日を太陽暦で換算すると２月11日となり、明治６年に、この日が紀元節と定められました。神武天皇の建国の偉業を仰ぎ、国を愛する心を新たにし、皇室の永遠と国家の発展を全国の神社で祈るのが紀元祭です。

天長祭

２月23日、天皇陛下のお誕生日をお祝いし、陛下のますますのご長寿を祈るのが天長祭です。神恩に感謝する祭典が執り行われます。

以上が全国の神社で共通して恒例で行われる中祭です。

昭和祭

４月29日は昭和の日で昭和天皇の誕生日です。昭和祭では大戦を経て日本を復興・発展へと導かれた昭和天皇の偉業を仰ぎ、昭和の時代がたたえられます。皇室の永遠と国家の発展を祈り、文化を進め、平和を願う祭祀が全国の神社で執り行われています。

神嘗奉祝祭

伊勢の神宮では10月17日に神嘗祭が執り行われます。神嘗祭は新穀を天照大御神に奉《たてまつ》る神宮の重要なお祭りです。天皇陛下は皇居内の水田で稲を育てられていますが、その初穂《はつほ》や全国の農家からの初穂が神宮に奉納されて執り行われるのです。各地の神社では日本人の総氏神と仰ぐ神宮の神嘗祭の当日に奉祝の意味を込めて神嘗奉祝祭が執行されます。戦前は祭日の一つでした。

明治祭

11月3日は明治天皇のお誕生日です。激動の明治時代、日本を近代国家として発展させることに尽力された明治天皇の大業を仰ぎ、皇室の永遠と国家の発展を祈る祭儀が明治祭です。明治維新の精神を思い起こして自覚を新たにし、産業を興し永遠の平和を願うお祭りが全国の神社で執り行われます。

47 小祭について教えてください

月次祭

1日や15日など、あるいは、ご祭神にゆかりの日などに定めて毎月行われるお祭りです。皇室の永遠と国家の発展、氏子・崇敬者ならびに社会の安定と平和を祈る祭祀です。

日供祭

毎日、早朝に神様に神饌を捧げ、日頃の感謝とその日一日が平穏無事であることを祈願します。

除夜祭

12月31日、大晦日の夜に行われるのが除夜祭です。この一年の神恩に感謝し、新しい年が素晴らしいものになるように神様に祈念するお祭りです。

以上は、小祭の例です。多くの神社で執り行われています。

祭礼の日、神社の境内に掲げられた幟（のぼり／写真左）や日月旗（にちげつき／写真右）

ポイント ㊻㊼

全国の神社で共通して行われる中祭は以上のもの。小祭はその例。神社のお祭りは、すべてが皇室と国家に関連があり、社会全体の安定と発展を祈願する。

48 お祭りの基本的な順序について教えてください ①

お祭りの基本的な順序は、第２章の昇殿参拝の作法で説明した流れとほぼ変わりません。つまり、神様をお招きし、神饌《しんせん》をお供えして、祝詞《のりと》を奏上し、参拝者が拝礼して直会《なおらい》を行う、という次第です。繰り返しにはなりますが、ここでは、写真を使って流れを中心に説明していきましょう。

1．社殿や境内の清掃

日頃、社殿や境内は清浄に保たれていますが、さらに清掃します。注連縄《しめなわ》を張り替えたり、紙垂《しで》を飾り直したりして、より一層、清浄さが増すように努めます。また、氏子地域でも注連縄を張り巡らし、榊を飾るなどして、新たな気持ちでお祭りを迎える準備をします。

２．神職と参列者が拝殿に向かって参進する場所に着く

お祭りに奉仕する神職は、前夜から境内の斎館《さいかん》などに籠《こも》って潔斎し、身も心も清らかにしてお祭りに臨みます。潔斎の期間はお祭りによって異なります。参列者も身を清めて参列するのが心構えです。なお、この前に手水は済ませておきます。

手水をとる神職たち

参進する前に神職たちが社務所前で整列する

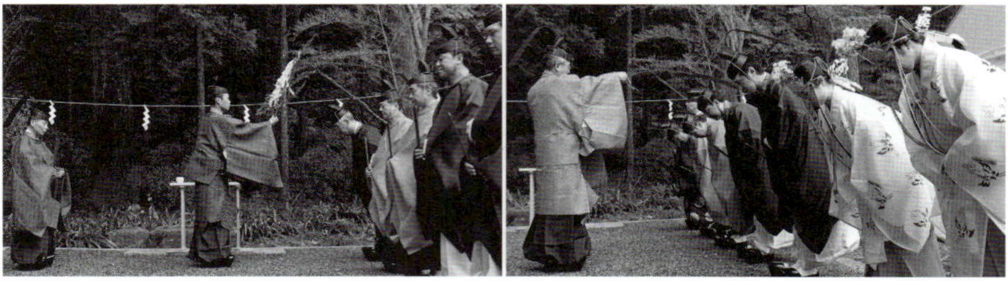

祓所で修祓を受ける神職たち。大麻（おおぬさ）でお祓いし（写真左）、塩湯でお祓いをする（写真右）

3．祓所《はらえど》で修祓《しゅばつ》

神職と参列者は祓所（祓戸）に進み、大麻《おおぬさ》などでお祓いを受けます。この後、拝殿に進んで所定の座につきます。参列者が多い場合は、神職と参列者代表だけが、祓所で修祓を受けます。あらかじめ所定の座に着いていた参列者は、神職と参列者代表の到着後、お祓いを受けます。

4．宮司《ぐうじ》一拝

宮司がご本殿に向かって拝礼します。

5．ご本殿の御扉《みとびら》を開く

神様と親しく対面するために、ご本殿の御扉を開きます。この神様のお出ましの時に、警蹕《けいひつ》があげられます。これは、「お～」などと神職が発する独特の声で、祭祀に参加している者に対して畏《かしこ》みをうながすものです。一同は、頭《こうべ》をたれて敬虔《けいけん》の意を表します。

拝殿に向かって参進する神職たち

拝殿に入った神職たちは所定の座につく

宮司がご本殿に向かって拝礼する

48 お祭りの基本的な順序について教えてください ②

6．献饌

神前に米・酒をはじめ海の幸、山の幸などの神饌をお供えします。

7．祝詞奏上

宮司がご神前で祝詞を奏上します。祝詞は神様への祈り、願い、感謝、誓いの言葉ですから、その間、参列者は敬礼します。

8．献幣《けんぺい》

神様への献上物である幣帛《へいはく》をお供えすることがあります（幣については40ページ参照）。幣帛は「みてぐら」とも称され、神様へのお供え物の総称として用いられてきた言葉ですが、現在では布織物や、これに代わる幣帛料としてお供えされます。

神饌が神職たちによりお供えされる（献饌）

献饌の後、拝殿で祝詞をあげる宮司

新嘗祭で捧げられる神饌の数々

初穂

酒

餅

魚

卵

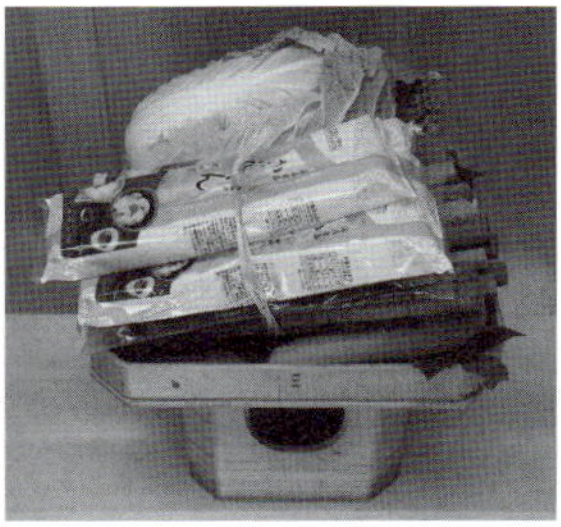

野菜の数々

果物

お菓子

塩と水

48 お祭りの基本的な順序について教えてください ③

9．神楽《かぐら》を奏す

雅楽や巫女舞など神社ごとにさまざまな神楽が奏されます。神様もお祭りする人も心をやわらげ、一つに融けあうように喜びを共有するのです。

10. 玉串拝礼

宮司、神職に続いて参列者が玉串を持って拝礼を行います。

11. 撤幣《てっぺい》・撤饌《てっせん》して御扉を閉じる

幣帛、神饌をお下げして、御扉を閉じます。

12. 宮司一拝

参列者も宮司に合わせて拝礼します。

13. 直会

別に会場を移して直会が行われる場合もあります。

14. 退出

神社によって多少の差がありますが、以上がお祭りの基本的な流れです。大祭と中祭ではほとんど差がありませんが、小祭では御扉の開閉がありません。お祭りに参列するときの作法や玉串、直会などの意味については、主に昇殿参拝の作法（48ページ以降）を参照してください。

巫女舞が奏される

参列者による玉串拝礼。
神職から玉串を渡され（写真左）、案の上に置いて（写真中）２拝２拍手１拝する（写真右）

神饌をお下げする神職たち

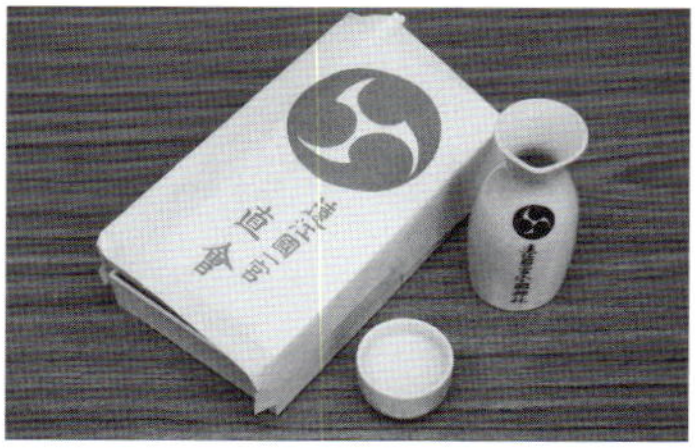

会場を移して行われた直会の様子（写真上）と、直会でふるまわれる神様のお下がりの酒と食事（写真下）

拝殿からはうかがうことができないご本殿（写真上）と御扉（写真下）

ポイント㊽

お祭りには基本的な流れがある。それは、神様をお招きし、神饌をお供えして、祝詞を奏上し、参拝者が拝礼して直会を行う、というもの。

49 神輿について教えてください

先に、例祭はその神社やご祭神にとって特別に由緒のある祭典で、神社にとって最も重要な祭祀と説明しました。例祭は、そういった意味から、その神社の性格が色濃く現れるお祭りといってもいいでしょう。

例祭では神輿《みこし》が登場することも多くあります。四角や六角、八角形のものもあり、社殿の形をしていて、屋根には鳳凰《ほうおう》や飾り物をつけ、彫刻が施され、鈴や鳥居が取り付けられています。一般的には「みこし」と呼ばれますが「しんよ」ともいいます。また、鳳凰の飾りものをつけた神輿を鳳輦《ほうれん》といいますが、もとは天皇の正式な乗り物でした。神輿は平安時代以降、神様の乗り物として用いられるようになったといいます。

普段はご本殿にお鎮まりになっている神様ですが、例祭のときには神輿や鳳輦に乗られて氏子地域をお渡りになります。これをご神幸《しんこう》といい、そのときに行われる祭典を神幸祭といいます。先に説明したお祭りの順序でいうと、ご本殿の御扉を開いて神輿にお遷しし、神様が氏子区域をお渡りになる渡御《とぎょ》となります。神輿は、身を清めた多くの若者たちに担がれて進みます。ときには、神様のご神威を高めようと掛け声とともに担がれ、「お旅所《たびしょ》」にとどまられます。お旅所は神社やご祭神のゆかりの場所です。お旅所は複数の場合もあり、また、長期にわたってとどまられる場合もあります。神様は氏子の人たちの生活を直接ご覧になり、幸いを与えられるのです。ですから、祭りの日、氏子たちは町中を清掃し、神灯をかかげてお迎えするのです。そして、神様がお宮に戻られることを還御《かんぎょ》といいます。ご神幸は陸路ばかりではなく、水上を船で渡られる場合もあります。例祭の日、神社の境内はさまざまな神賑《しんしん》行事で賑わっています。神様に見ていただき喜んでいただくため、舞台では舞楽《ぶがく》などのいろいろな神事芸能が奉納されます。

こうしたお祭りは地域の特性と歴史性を表すもので、厳島神社の「管絃祭《かんげんさい》」や熊野那智大社の「那智の火祭（扇祭）」（公式テキスト②『神話のおへそ』「熊野」参照）などは報道で目にすることも多く、代表的な「日本の祭り」といっていいでしょう。また、例祭に限らず、その神社やご祭神の由緒を表すお祭りが行われる神社も多くあり、これらは特殊神事と呼ばれています。

鳳輦

祭礼では神様の乗り物である神輿や鳳輦が渡御する

ポイント㊾

神輿は神様の乗り物。お旅所にとどまり、神様は氏子の生活を直接ご覧になり、幸いを与えられる。例大祭の多くは、地域の特性と歴史性を表す代表的な日本の祭り。特殊神事と呼ばれるものも多く見られる。

50 6月と12月の大祓について教えてください

多くの神社では6月30日と12月31日に大祓《おおはらえ》という神事が行われています。大祓は一年を２期に分け、半年の間に知らず知らずに犯した罪、積もり積もった心身の穢れ、いっさいの災いを消滅し、清浄な本来の姿を取り戻すための祭祀です。また、これから犯すであろう罪などを除去する意味もあります。この神事によって平穏無事な生活を願うのです。

日頃の祭典でも、必ず修祓《しゅばつ》があります。お祓いによって罪穢れを取り除き、清らかな姿となって神様と対面するわけです。大祓は、お祓いそれ自体が独立した祭祀となって執り行われるものです。

大祓では、神職が古くから伝わる大祓詞《おおはらえことば》を読み、氏子崇敬者は麻と紙を小さく切った切麻《きりぬさ》を体にまいて清め、紙を人の形に切った「人形《ひとがた》」で体をなで、息を吹きかけます。こうして人の罪穢れを付着させた人形は、後で海や川に流されたり、焼かれたりします。

人形は「形代《かたしろ》」といい、「撫物《なでもの》」とも呼ばれます。形代に姓名と年齢を書き、息を吹きかけて神社へ持って行き、お祓いをしてもらうといった方法をとるところもあります。

6月の大祓は「夏越《なごし》の祓」や「名越《なごし》の祓」「六月《みなづきの》祓」などとも呼ばれ、12月の大祓は「年越の祓」や「師走の祓」とも呼ばれます。

参道に茅《ちがや》を束ねて輪の形に作った「茅《ち》の輪」を設けるところもあります。「茅の輪くぐり」といって、これを３回くぐって穢れや災い、罪を祓い清めるのです。これは70ページの八坂神社のところでふれましたが、「茅の輪」を腰に着けると疫病から逃れられると教えた『備後国風土記』逸文の武塔神《むとうのかみ》（武塔天神）の故事に由来するといわれています。

大祓は記紀神話に見られる伊弉諾尊《いざなぎのみこと》の禊祓《みそぎはらえ》を起源とし、宮中においても古くから行われてきました。国中の罪穢れを祓い清め厄災のない社会を祈念して行われたのです。そうした伝統を受けて、大祓は多くの神社の年中行事として恒例化されています。

茅の輪くぐり

人形

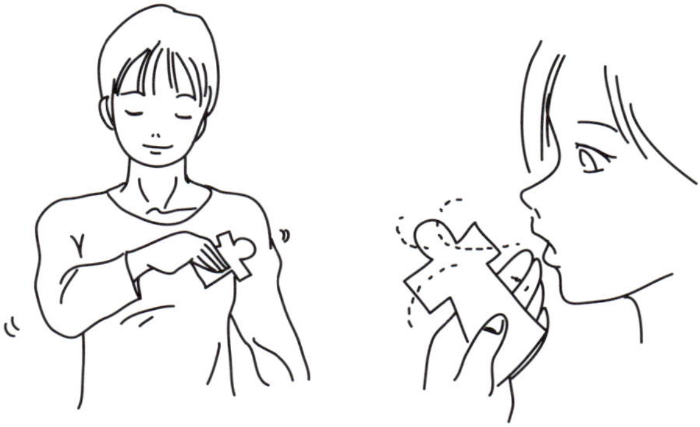

ポイント
㊿

知らず知らずに犯した罪、積もり積もった心身の穢れ、いっさいの災いを消滅し、清浄な本来の姿を取り戻すための祭祀が大祓。6月30日の大祓は夏越の祓、12月31日の大祓は年越の祓などとも呼ばれる。

51 初宮詣でと七五三について教えてください

今まで、全国の神社で共通して行われる祭祀と、6月と12月の大祓について説明してきました。季節ごとに行われる行事としては、他に2月の節分祭などがあります。次は、人の一生の折々の節目で神社に詣でる行事について説明していきます。初宮詣でや七五三などの行事ですが、その節目ごとの神様への祈りと感謝は人生儀礼と呼ばれます。

初宮詣では、誕生後初めて氏神さまにお参りすることで、単にお宮参りともいいます。誕生させていただいたことへの感謝と今後の成長を願って、男子は31日目、女子は33日目頃にお参りをし、祝詞を奏上してもらいます。地方によっては、早いところで生後7日目、遅いところで１００日を過ぎるところもありますが、神様への初めてのご挨拶ですから、１００日目ぐらいまでを目途にお参りするといいでしょう。

誕生前の行事でいいますと、岩田帯と呼ばれる帯をしめる「着帯の祝い《ちゃくたい》」をする風習があります。これは、地域によって差はありますが、古くから懐妊5カ月目の戌《いぬ》の日を選んで行われます。犬が安産であるので、それにあやかってのことともいわれています。着帯の祝いをするとともに、神社で安産の祈願をされるといいでしょう。

七五三は、3歳と5歳と7歳のお祝いです。一般に男児は3歳と5歳、女児は3歳と7歳で、11月15日に晴れ着をまとって氏神にお参りし、成長を感謝し今後の無事な成育を祈願します。平安時代くらいから、男女とも3歳になると、それまで剃っていた頭髪を伸ばし始める「髪置《かみおき》」という儀式を行っていました。また、男児は5歳で、初めて袴を着る「袴着《はかまぎ》」という儀式があり、女児は7歳で「帯解《おびとき》」という、大人と同じ帯の使用を始める儀式がありました。これらの年齢による儀式は、時代や地域によって異なっていますが、体力的に弱い幼児がしっかりと成長していくように願って行われてきたことで、これが七五三の起源です。11月15日の日取りについては、5代将軍徳川綱吉の子の髪置祝いが行われたことを前例にしているともいわれています。

その他、人生儀礼には入学、卒業、就職の奉告や、成人、還暦など年祝《としいわ》いがあげられます。結婚式や葬式もそうです。

七五三

初宮詣で

ポイント
⑤①

初宮詣では誕生後、初めて氏神さまにお参りすること。七五三は３歳と５歳と７歳のお祝い。どちらも長い歴史を持ち、成長の感謝と今後を祈願する。

52 厄払いについて教えてください

厄年《やくどし》の年齢は、ちょうど肉体的な変調をきたしやすく、家庭的にも対社会的にも転機を迎えやすい時期で、古来、災難が多く慎むべき年とされています。

厄年は地域によっても多少の違いがありますが、一般に男性は25歳と42歳と61歳、女性は19歳と33歳と37歳です。その前後の歳を前厄《まえやく》、後厄《あとやく》といいます。なかでも、男性の42歳と女性の33歳は大厄《たいやく》・本厄《ほんやく》とされています。

厄年の年齢は「数え年」です。数え年は、生まれたときがすでに1歳であり、元日で1つ歳を取る計算をします。その年の誕生日前であれば実際の年齢に2つ、後であれば1つ加えたものです。

厄払いは、その歳にあたった人が神社に参詣して、厄除《やくよ》けのお祓いを受け、災難から身を護ろうとするものです。

本来、厄年は還暦（数えの61歳）や古希（70歳）などの年祝いと同じで、晴れの歳でもあります。厄年を迎えることは、地域社会において一定の地位と役割をもつことを意味し、神社のお祭りや運営に関わり、神輿担ぎなど神事に多く携わることも意味していました。そのため心身を清浄に保つ物忌《ものいみ》に服する必要があったのです。物忌とは、神様を迎え神事を斎行するにあたり、一定期間、潔斎を行うことです。従って、厄年の「厄」は、神様にお仕えする「役」で、「役年」の意味で使われる場合もあったのです。

現在では、新築や新しく事を起こすことを慎むべきなどといった感覚が強くなっていますが、いずれにしても厄年（役年）は重要な人生儀礼なのです。

男			女		
前厄	厄年	後厄	前厄	厄年	後厄
24	25	26	18	19	20
41	42	43	32	33	34
60	61	62	36	37	38

ポイント52
厄払いは、その歳にあたった人が神社に参詣して、厄除けのお祓いを受け、災難から身を護ろうとするもの。しかし、厄年には神事などに関わる「役年」の意味もあり、還暦などと同様、晴れの歳だった。

53 神前結婚式について教えてください

現在、神社で行われているような神前での結婚式が広く普及するようになったのは、明治時代になってからのことです。きっかけは、当時、皇太子だった大正天皇のご婚儀です。明治33年5月10日、同年4月に定められた皇室婚嫁令に基づき、皇居内の賢所《かしこどころ》で結婚式が行われました（賢所については168ページ参照）。このご婚儀により、民間での神前結婚式への関心が高まりました。翌年、日比谷大神宮（現東京大神宮）で、皇太子のご婚儀にならい神前模擬結婚式が公開で行われます。そして、同年、一般の人の結婚式が同神宮で行われたのです。

それまで結婚式といえば、家庭で行われることがほとんどでした。その際は、「結婚は神のお計らいであり、恵みである」という古くからの信仰のもと、多くは床の間に伊弉諾尊《いざなぎのみこと》と伊弉冉尊《いざなみのみこと》をお祭りし、その前に神饌をお供えして行われていました。このような形式は、江戸時代に確立され、公家や大名はじめ、武士や庶民にまで広がっていたようです。

これが土台となり、神社での神前結婚式は広く受け入れられていったようです。一般的になったのは昭和20年代以降です。戦後の住宅、食糧事情から自宅に人を招いての式が難しくなっていったためとも考えられます。高度成長期に入ってからは地方でも都市化が進み、神社での結婚式が急増していきました。

神前結婚式の次第は一般のお祭りの流れとほぼ同じですが、特徴的なのは新郎新婦が神前にお供えしたお神酒で夫婦の契りを固める「三献《さんこん》の儀」で、「三三九度」と呼ばれる儀式です。ご存じのとおり、酒盃を取り交わす回数を表したもので、酒を一杯飲むことを一度といい、三度飲むことを一献として、これを三献、つまり九度いただく作法をいいます。平安時代の公家の酒宴の作法とされたもので、男子の成人を祝う元服《げんぷく》などの儀式においても行われていました。

一献目「新郎→新婦→新郎」、二献目「新婦→新郎→新婦」、三献目「新郎→新婦→新郎」の順でつがれていくのが丁寧な作法とされていますが、現在の結婚式では、一献目「新郎→新婦」、二献目「新婦→新郎」、三献目「新郎→新婦」の順につがれていくのが一般的となっています。

東京大神宮での神前結婚式

東京大神宮は、明治13年、日比谷に創建された。昭和3年に今の飯田橋の地に移ってからは、飯田橋大神宮と呼ばれるようになり、戦後に、東京大神宮と改称した

結婚式次第

1．修祓
2．斎主（式を執り行う中心的な神職）一拝
3．献饌。多くの場合、あらかじめ神饌を供えておき、
　お神酒を盛った瓶子（へいし）の蓋をとることで献饌に代える
4．祝詞奏上
5．三献の儀（三三九度）
6．誓詞（せいし）奏上。新郎新婦が神前に進み、誓いの言葉を奏上する
7．玉串拝礼
8．親族盃の儀。親族一同がお神酒をいただき、親族の固めの儀を行う
9．撤饌
10．斎主一拝

ポイント㊸

神社での神前結婚式が広く普及するようになったのは明治以降。当時、皇太子だった大正天皇のご婚儀が契機だった。結婚式で行われる三三九度は、古い伝統をもつ。

54 神職について教えてください

これまでお祭りについて説明してきましたが、神事や神社の運営に携わる神職についても説明しましょう。時代や場所によって、祝《はふり》や大夫（たいふ、たゆう）などさまざまな呼び方がありましたが、現在では一般的に神職、神主《かんぬし》とも呼ばれています。

神職は、宮司《ぐうじ》を最上位として、禰宜《ねぎ》、権禰宜《ごんねぎ》の順に職階が定められています。権禰宜の権とは「副、仮の」という意味です。神社によっては、宮司を補佐する権宮司という役職が置かれている場合もあります。また、宮司を引退した後に、長年の功績をたたえて名誉宮司としてその名をとどめる場合もあります。このほか、神職の見習い的な出仕《しゅっし》という職階もあり、神社独自の職名によって職務についていることもあります。また、伊勢の神宮や靖國神社など特別の神社には、権禰宜の下に宮掌《くじょう》や主典《しゅてん》といった職階があります。

神職になるためには資格が必要です。全国の大半の神社を包括する神社本庁傘下の神社の場合、神社本庁の試験に合格するか、神職養成機関で必要単位を取得したうえで、必要な実習を修了しなくてはなりません。神職養成機関の代表的なものは、東京の國學院大學と三重の皇學館大学です。神職の資格には、神道の徳目である「浄《きよ》き明《あか》き正しき直《なお》き心」にちなんで、浄《じょう》階、明《めい》階、正《せい》階、権正階、直《ちょく》階の５ランクの階位があります。いずれも神社本庁の検定委員会が試験や経験などによって決めるもので、この階位によって、つくことのできる職階が違ってくることもあります。また、階位や職階と経験、業績によって定められる身分もあります。これは、特級から一級、二級上、二級、三級、四級までの６ランクに分けられています。

職階	階位
宮　司	浄　階
権宮司	明　階
禰　宜	正　階
権禰宜	権正階
出　仕	直　階

ポイント54

神事や神社の運営に携わるのが神職。一般的に神主とも呼ばれ、宮司を最高位として禰宜、権禰宜などと職階がある。神職になるには資格がいる。神職養成機関の代表的なものは國學院大學と皇學館大学。

55 巫女さんについて教えてください

巫女さんは多くの神社で、白衣に緋《ひ》色の袴を着け、長い黒髪を水引《みずひき》などで束ねて奉仕しています。その姿は、神社に華やぎを与えています。

巫女は神職ではありません。あくまで神職を補助する立場なので、資格は要りません。ですから、巫女は資格をもつ女性の神職とは違います。現在、巫女は、神社によって独自に採用されています。神前での作法や巫女舞《みこまい》、神社に関することなどは、各神社によって教育されています。未婚の若い女性が多く、正月などの繁忙期には臨時の募集もあります。ただし、神職とは違うといっても、神様に奉仕する立場に変わりはありません。

古代においては、巫女は祭祀や儀礼の中で、神様のお告げを聞き神意を伝える重要な存在でもありました。記紀神話で、天照大御神がお隠れになったときに天石屋戸《あめのいわやと》前で踊った天宇受売命《あめのうずめのみこと》が、その初源の姿ともいわれています。後に、神社によっては、厳しい潔斎を行いながら神事に奉仕する特別な女性となっていきました。そして、中世以降、しだいに神職の補助的な存在となっていったようです。

一方、神社以外では、神がかりとなって口寄せなどをして祈祷を行う女性たちがいました。今でも、東北地方の「イタコ」と呼ばれる人たちが有名です。

一般的な巫女の装束

髪は添え髪をつけて長くする場合もある

ポイント㊺

巫女さんは資格をもった神職ではない。神職を補助して、神様に奉仕する立場である。古代においては、巫女は神様のお告げを聞き神意を伝える重要な役割を担った。

56 神職が手に持っているものや、履き物について教えてください

神職の服装は、すべて平安時代の貴族の装束が起源です。

男性神職が手に持っているものは笏《しゃく》といいます。笏は、男性が装束を着用した際、重々しくその威儀を整えるものでしたが、その内側に儀式次第などを書いた紙を貼って物忘れに備えたりしていました。

女性神職が手に持っているのは扇《おうぎ》です。そのうち、正装、礼装の場合は檜扇《ひおうぎ》を持ち、常装の場合は「雪洞《ぼんぼり》」と呼ばれる扇を持ちます。檜扇は薄い檜《ひのき》の板を綴じ合わせたもので、雪洞は竹を骨として紙を貼った一般の扇の一種です。これらも威儀を整えるために持つものです。檜扇は男性神職の正装の場合の持ち物でもあり、帖紙《たとうがみ》というものにはさんで懐の中に入れます。

男性、女性を問わず神職が履いているのは浅沓《あさぐつ》です。これは、桐で作られた履き物の中に和紙を貼り、全体に漆を塗ったものです。また、男性神職は、頭に冠や烏帽子《えぼし》をかぶります。

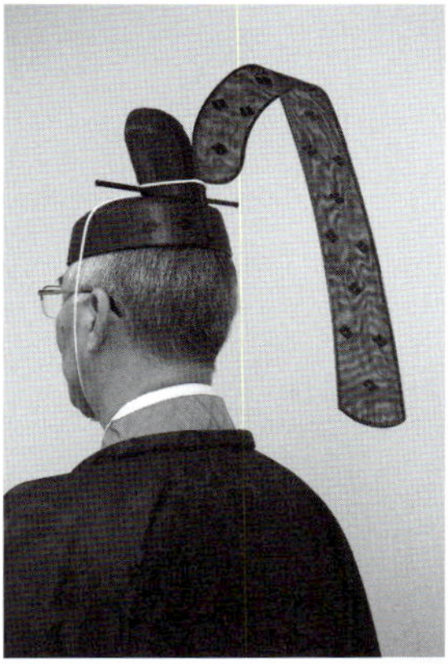
冠

笏

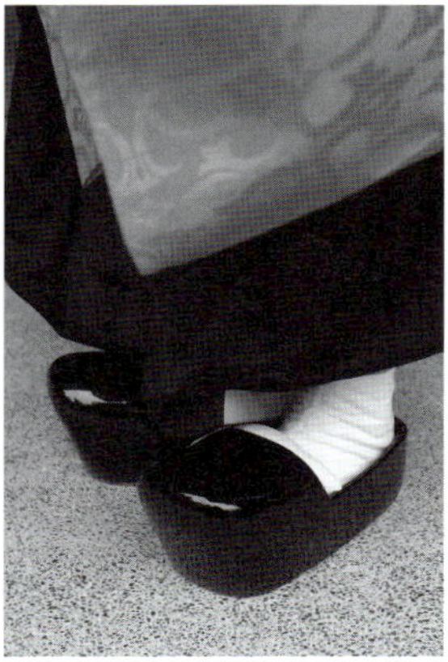
浅沓

ポイント㊻

男性神職が手に持っているものは笏、女性神職が手に持っているものは扇で、どちらも威儀を整えるもの。男性、女性を問わず浅沓を履いている。神職の服装は、すべて平安時代の貴族の装束が起源。

57 神職の服装について教えてください

神職が神様に奉仕する際に身に着ける服装を装束《しょうぞく》といいます。お祭りの種類や神職の身分によって、何を着るかが決められています。先に、神社の祭祀は、大祭と中祭、小祭に分けられると説明しましたが、大祭には正装、中祭には礼装、小祭には常装を着用します。

正装（大祭）

●男性は衣冠《いかん》。冠をかぶり、身分に応じた色と文様がついた袍《ほう》と袴《はかま》を着ける「正服」。

●女性は頭に釵子《さいし》を着け、色や文様のついた唐衣《からぎぬ》に表着《うわぎ》、単《ひとえ》、身分に応じた色の袴の正服。

礼装（中祭）

●男性は冠をかぶるが、身分にかかわらず袍、袴とも白地の「斎服」。

●女性は装飾の造花を省いた釵子を頭に着け、身分にかかわらず白地の表着、単、袴の斎服。

常装（小祭）

●男性は立烏帽子《たてえぼし》をかぶり、染色と文様を施された狩衣《かりぎぬ》と身分に応じた色の袴を着けた「常服」。もしくは、烏帽子に白狩衣白袴の「浄衣《じょうえ》」。

●女性は額当《ぬかあて》を頭に着け、色のついた表着と身分に応じた色の袴の常服。もしくは、額当に白地の表着、袴の浄衣。

男性神職の正装の場合の袍の色は級（１２３ページ参照）により以下のようになります。

特級と一級・黒　　二級上級と二級・赤　　三級と四級・緑（縹《はなだ》）

級による袴の違いは男女とも以下のとおりです。

特級・文様入り白　　一級・文様入り薄紫　　二級上・文様入り紫

二級・文様なし紫　　三級と四級・文様なし浅葱《あさぎ》（水色）

ちなみに、女性神職の割合は男性神職の１割ほどといわれています。

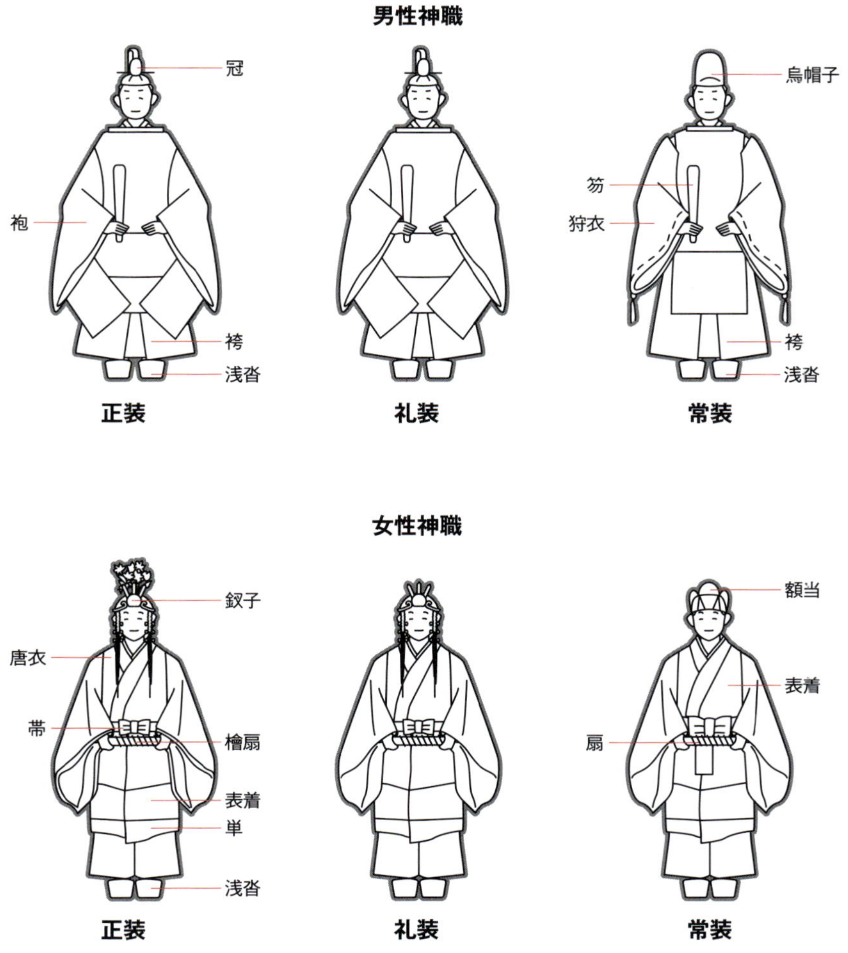

ポイント⑰ 正装、礼装、常装。神職が身に着ける装束はお祭りの種類や神職の身分によって決まっている。

第5章

神棚と家のお祭りについて知りたい

58 神棚の祀り方① お神札の納め方について教えてください

神棚の起源は、中世以降、伊勢の神宮に対する信仰が全国的に広がって、神宮から出されたお神札《ふだ》を清浄な棚に、お祀りしたことによるといわれています。江戸時代の中頃には、神棚は各家庭に普及したようです。

さて、神棚を祀るには一般的に南向きか東向きにお祀りします。東は太陽が昇る方向で、南は日光が最も当たるところです。この東と南は、古くからお祭りなどで重要な方角とされてきました。実際、多くの神社が南向きか東向きに建てられています。しかし、神社の特別の由緒や地理的状況から北や西に向けて建てられている場合もあります。したがって、神棚も決して北や西向きにしてはいけないというわけではありません。家庭で最も清浄な場所を選び、原則として東や南に向けてお祀りし、家族全員が毎日拝みやすく、大人の目線より高いところに設けるのがよいとされています。また、ふすまやドアの上など人が出入りする場所は避けたほうがよいともいわれます。

神棚に置く神社のご本殿の形をした宮形《みやがた》には、さまざまな種類があります。棚板を設けて、そこに宮形を据えますが、部屋の広さや高さ、そして、お供えなどを載せるスペースを考えて宮形を選ぶことが重要です。新たに神棚を設けるとき、あるいは、神棚を替えるときには、神職にお祓いをしてもらってから、お神札《ふだ》を納めます。

次はお神札の納め方です。宮形に御扉《みとびら》が3つ付いている三社造の場合は、中央に伊勢の神宮のお神札である神宮大麻《たいま》を納めます。神宮は天照大御神《あまてらすおおみかみ》をお祀りし、皇室のご祖神であり日本人の総氏神だからです（神宮大麻については162ページ参照）。そして、向かって右に氏神様のお神札、左に個人的に信仰する崇敬神社のお神札を納めます。宮形の御扉が一つの一社造の場合は、お神札を重ねて納めます。その際、一番手前が神宮大麻で、その後ろが氏神様、さらにその後ろが崇敬神社のお神札になります。

住宅事情などにより神棚が設置できない場合もあります。その場合は、先に述べたような場所に奉書や半紙などを当て、その上にお神札を貼るか、箪笥《たんす》などの上を清潔にして、そこにお神札をお祀りするのもよいとされています。

三社造の神棚

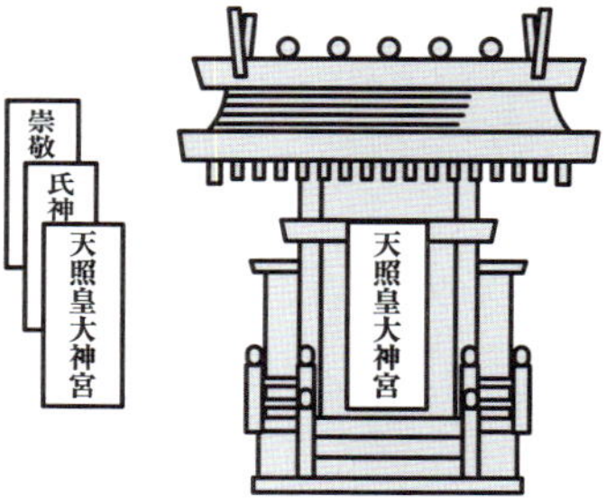

一社造の場合

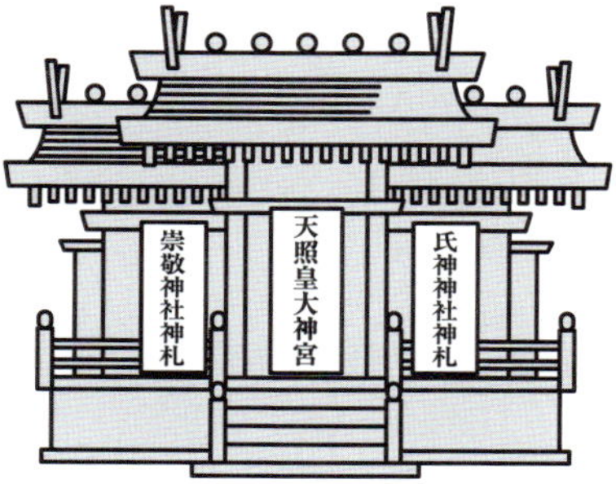

三社造の場合

ポイント
⑱

神棚は東か南向きを原則に、清浄な場所に設ける。神棚を新たに設ける場合には神職にお祓いをしてもらい、宮形には、神宮大麻、氏神様、崇敬神社の順番でお神札を納める。

59 神棚の祀り方② 注連縄について教えてください

宮形を据えたら、次は注連縄《しめなわ》を張ります。注連縄は、そこが神聖な場所であることを示すものです。注連縄はその様式も多種多様で、表記も「〆縄」「標縄」「七五三縄」などいろいろです。代表的なものとして「前垂注連《まえだれ》」、「大根注連《だいこん》」、「牛蒡注連《ごぼう》」があります（イラスト参照）。大根注連や牛蒡注連の場合、向かって右が上位とされるので、神棚に取り付ける際には「右太左細」が原則です。また、注連縄には奉書や半紙などで作った紙垂《しで》を挟み込みます。紙垂もそこが神聖・清浄であることを示すもので、四垂とも書きますし、単に「垂《たれ》」ともいいます。紙垂は簡単に作れますので、イラストを参考にしてください。

話はそれますが、大相撲の土俵入りの際に、横綱が紙垂を垂らしたまわしを締めているのを見ますが、四股《しこ》を踏むことが邪気を祓うと考えられてきたためです。

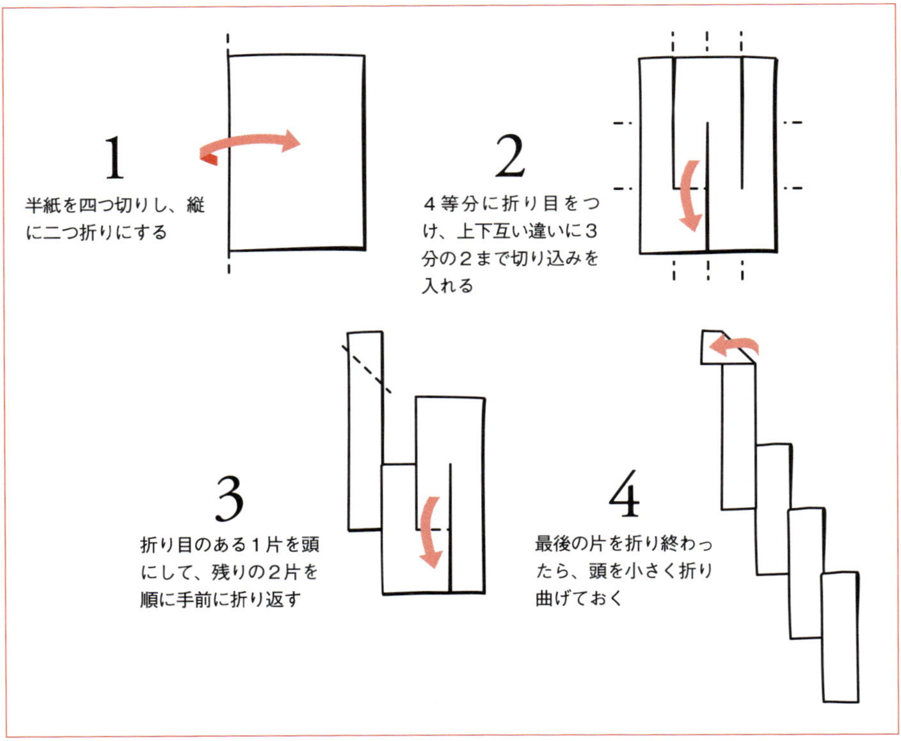

1
半紙を四つ切りし、縦に二つ折りにする
2
４等分に折り目をつけ、上下互い違いに３分の２まで切り込みを入れる
3
折り目のある１片を頭にして、残りの２片を順に手前に折り返す
4
最後の片を折り終わったら、頭を小さく折り曲げておく

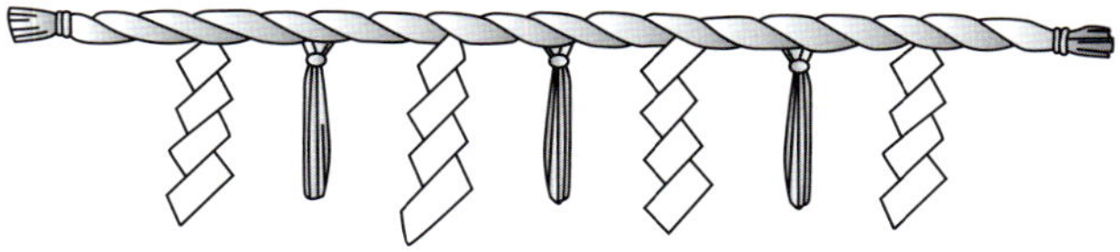

前垂注連

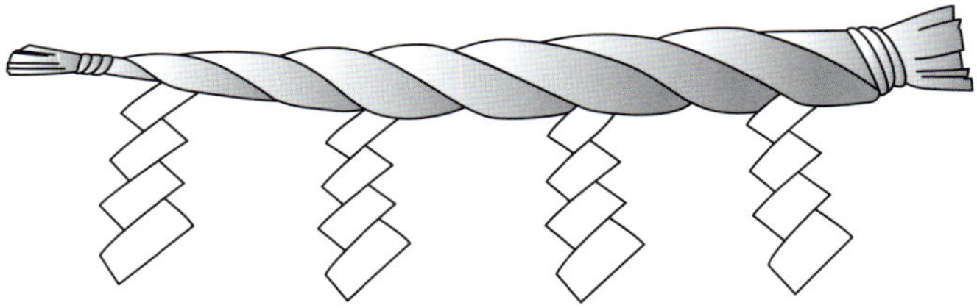

大根注連

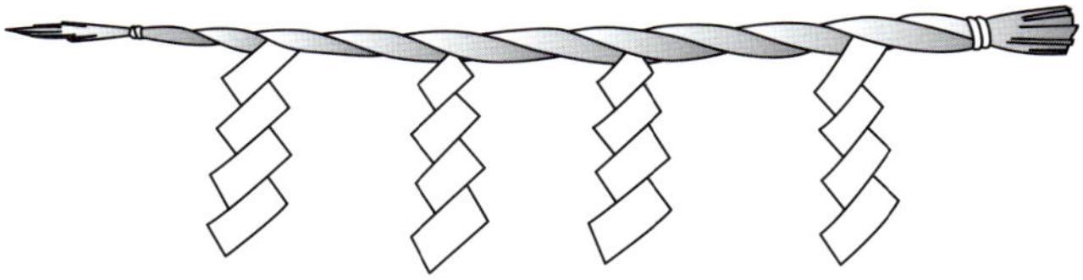

牛蒡注連

ポイント㊾ 神棚には注連縄を張る。右太左細が原則で注連縄には紙垂を挟み込む。どちらも、そこが神聖な場所であることを示すもの。

60 神棚の祀り方③ 毎日の参拝について教えてください

神棚には、常にみずみずしい榊《さかき》をお飾りします。榊は42ページでも説明したように、いにしえからの信仰に基づき、ご神前に供えられたり、お祓いに使われたりするものです。榊が植生していない地域では、同じツバキ科の柃《ひさかき》や、杉や樅《もみ》、樫《かし》などを用いたりします。

また、神棚には毎朝、神饌《しんせん》をお供えします。日常の神饌は、米（ご飯）、塩、水の三品です。正月や、毎月1日と15日、神社の例祭日や家族にとって大事な日には、酒、野菜、果物などもお供えします。そして、神様にお供えしたものは、「お下がり」として家族でいただきます。四季の初物やいただき物なども神棚にお供えしてから家族で頂戴したいものです。

お供えする際は、米や塩は平瓮《ひらか》、水は水器、酒は瓶子《へいし》という白色陶器の祭器具を用い、三方《さんぼう》（折敷《おしき》）に載せて供えることが望ましいでしょう。この他のお供えも、大きさに合わせた平瓮に盛ります。これらの祭器具は、宮形の前に置く神鏡、榊を飾る榊立て、神前を明るくするための神灯などとあわせ神具店で求めることができます。祭器具を洗う際には、一般のものと分けて扱うようにしましょう。

また、お供えする際には、中央である「正中《せいちゅう》」を尊び、米を中央として一番先に、次に塩、水の順にお供えします。酒もお供えする場合は、米、酒、塩、水の順番です。右の図のように横1列に並べるのが一般的ですが、場所がない場合は2列でもかまいません。その場合、図のような並べ方をします。お供えしてからの参拝作法は、原則、2拝2拍手1拝です。

お神札《ふだ》は、新年に際し神棚をきれいにして、新たに神社から受けたものをお祀りします。ご神威を新たにし、一年の無事を感謝して新しい年の幸を祈るのです。今までお祀りしていたお神札は、神社にお礼《れい》参りをして納めます。この古札《こさつ》は、お守りなどとともに、多くの神社でお焚《た》き上げされます。このお焚き上げは、「左義長《さぎちょう》」や「どんど焼き」などと称され、1月15日を中心に行われ、その際には門松《かどまつ》や正月飾りなどもお焚き上げされます。

なお、神社によっては、お焚き上げではない方法で古札を受けているところもあります。

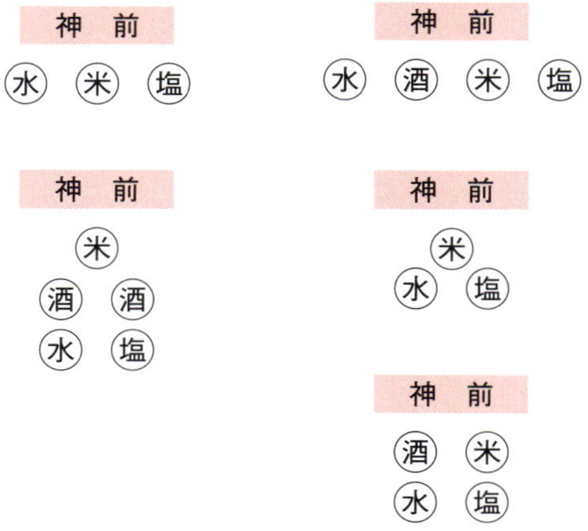

ポイント ⑥⓪

神棚には、榊を飾り、毎朝、神饌をお供えして参拝する。お神札は、新年を迎えるに際して新たに神社から受け、古札は神社にお納めする。

61 正月飾りについて教えてください

お正月には、神棚のお神札《ふだ》を新しくするだけでなく、玄関には門松《かどまつ》を立て、注連飾《しめかざり》りをします。これは、各家庭で年神様《としがみさま》をお迎えするためです。年神様は、正月様《しょうがつさま》、歳徳様《としとくさま》などとも呼ばれ、新しい年に豊かな実りをもたらす神様がいらっしゃるという古くからの信仰に基づくものです。

年神様は、私たちのご先祖とされています。古くから日本人は、人が亡くなってもその魂はその土地にとどまって愛する人や子孫と共に生き、その幸せを見守り続けてくれていると考えてきました。その魂である祖霊《それい》は、地域を望むことのできる山にとどまっておられると信じてきました。そして、正月やお盆の時季に子孫と交流するために降りて来られると考えていたのです。地域によっては、祖先の御霊《みたま》は海の彼方《かなた》からやって来られると信仰されているところもあります。ですから、お盆は仏教の行事と考える人も多いと思いますが、じつは、古来の日本人の祖霊に対する考え方に基づいているのです。お盆の「精霊《しょうろう》流し」は、海の彼方からやってこられたご祖先をお送りする行事なのです。

昔は12月13日が煤払《すすはら》いで、その頃から家中の大掃除をして、お正月を迎える準備をしました。正月飾りを大晦日に行うのは一夜飾りといって嫌われました。神様に失礼にあたると考えたようです。地域によっては、神棚とは別に歳徳棚を設けるところもあります。そこに注連飾りをし、餅、米、酒、塩などを供えて年神様をお迎えするのです。

注連飾りにはさまざまなものがありますが、一般的な形としては、白や赤の紙垂《しで》がつけられた注連縄に、裏白《うらじろ》、ゆずり葉などの植物や、橙《だいだい》などの果物や海藻《かいそう》、海老《えび》などが添えられます。裏白は正直潔白を、ゆずり葉は家督をゆずり絶やさないこと、橙は家系が代々《だいだい》栄えること、海老は長寿であることを意味する縁起物《えんぎもの》で、また、神饌であるともいわれています。門松は、年神様をお迎えするための依代《よりしろ》ともいわれています。

正月には鏡餅《かがみもち》を飾ります。これは、日本の主食である稲の収穫に感謝し、豊作を祈るためです。また、穀物はご先祖から贈られたものと信じられ、穀霊《こくれい》は祖霊の変化したものと考えられてきたからともいわれます。また、くろもじの木や稲藁《いなわら》に小さな餅を数多くつけ、花のようにした「餅花《もちばな》」を神棚や床《とこ》に祀ることもありました。稲藁の場合はちょうど稲穂のように垂れ下がります。これは、春になると新たな命を咲かせる「花」をも象徴しています。鏡餅を下げ、雑煮や汁粉《しるこ》でいただく鏡開き《かがみびらき》の日は地域によってさまざまですが、この餅を食べることで生命の更新が図られると考えられています。

正月飾りは7日の七草までお飾りし、先にもふれたように小正月（15日）頃に行われるどんど焼きなどでお焚《た》き上げされることが多いのですが、地域によっては年間にわたってお飾りするところもあります。

注連飾り

どんど焼き

左義長とも呼ばれ、1月15日の小正月頃に神社で行われる

ポイント ㉛

門松や注連飾り、鏡餅などの正月飾りは年神様をお迎えするためのもの。年神様は、正月様、歳徳様などとも呼ばれる。新しい年に豊かな実りをもたらす神様で私たちの祖先の御霊と考えられ、古くからの信仰に基づくもの。7日の七草までお飾りする。

62 祖先のお祀りについて教えてください

家のお祭りには、神棚や正月、お盆、お彼岸《ひがん》などのほかに忘れてはならない大切なものがあります。日常の祖先の祀りです。前項の正月飾りのところでもふれたように、日本人は、古来、人は亡くなってもこの世にとどまって、いつでも子孫を見守ってくれている存在だと考えてきました。だからこそ、日本人は祖先をお祀りしてきたわけです。現代に生きる我々も共有する考え方でしょう。仏式の仏壇で祖先の供養を行うのも、仏教が日本に伝来して、日本人の祖先に対する考え方に仏教が影響を受けたからだといわれています。というのも、もともと仏教では、修行《しゅぎょう》や善行《ぜんこう》を積まなければ、生前の行いに応じて何らかの形で絶えず生まれ変わるという考え方だからです。大ざっぱにいえば、古来の日本の先祖の「お祀り」を「供養《くよう》」に替えて、残った人たちが供養を行えば、生前に修行や善行を積んだ功徳《くどく》が得られると考えたわけです。

話を祖先の祀りに戻すと、家庭での先祖のお祀りは、神棚とは別に御霊舎《みたまや》（祖霊舎《それいしゃ》）で行います（イラスト参照）。祖先の霊が鎮まる御霊代《みたましろ》を納めるところです。御霊代には、一般的に霊璽《れいじ》が用いられます。これは、仏式でいえば位《い》牌《はい》にあたります。霊璽には蓋《ふた》が付いていますが、通常は蓋をしたままお祀りし、命日や年祭《ねんさい》など特別のお祭りのときには外すこともあります。

年祭とは、特別な年の命日のお祭りで、亡くなって満１年、２年、３年、５年、10年、以降10年ごとに行うのが一般的です。普通は50年で「まつりあげ」となり、故人の御霊は清められて神様のもとに帰るといわれます。年祭の日には、親戚や故人と親しかった人を呼び、神職にお祭りをしてもらいます。

御霊舎は、神棚とは別のところに設けるようにしますが、家の間取りの関係で、神棚の下や神棚の隣に設けることもあります。神棚の下に設ける場合には、御霊舎は上半身の高さに設けます。神棚の隣に設ける場合には、御霊舎の高さをやや低くするか、それができない場合には、神棚に向かって左に設けるのがよいでしょう。

お供え物は神棚のお祀りと同様です。お参りも、神棚にお参りした後に同じ方法でお参りします。御霊舎に必要な祭器具は、神具店で求めることができます。御霊舎を設ける場合には、神社にお願いしてお祓いしてもらうといいでしょう。

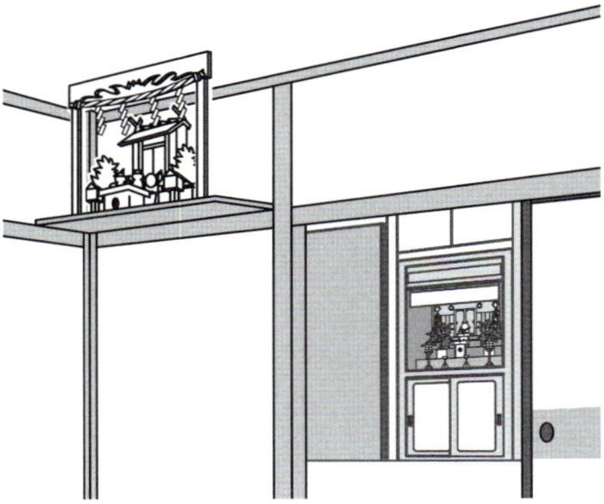

神棚と御霊舎

基本的に御霊舎は神棚とは別のところに設ける

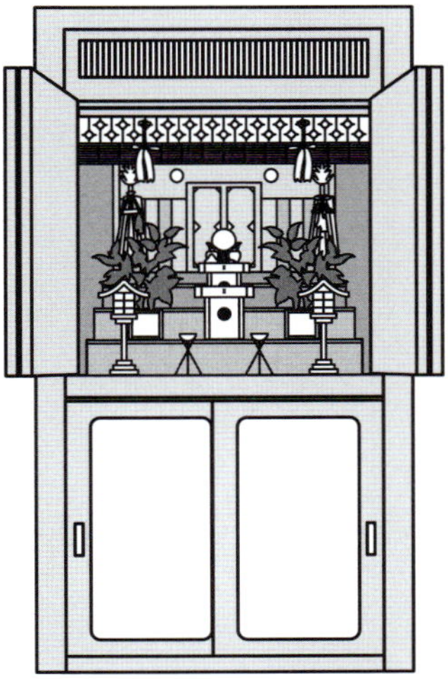

御霊舎

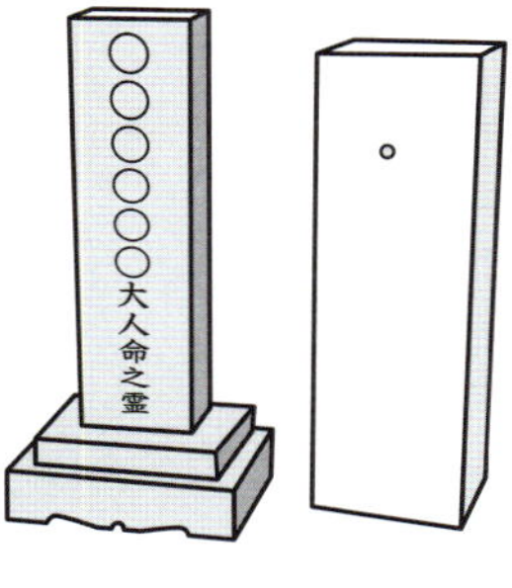

霊璽

ポイント
62

日本人は、古来、人は亡くなってもこの世にとどまって、いつでも子孫を見守ってくれている存在だと考えてきた。祖先のお祀りは、霊璽を納めた御霊舎（祖霊舎）で行う。

63 神葬祭について教えてください①

葬儀は今、多くが仏式で営まれていますが、もともと日本には独自の信仰に基づく葬儀がありました。『古事記』にも葬送《そうそう》の記述がありますし（公式テキスト②『神話のおへそ』「地上に降ったまま戻ってこられない神々」参照）、古墳の出土品からも、古代の葬儀のあり方をうかがい知ることができます。

しかし、大宝《たいほう》2年（702）の持統《じとう》天皇の大喪《たいそう》（葬儀）から仏教色が強まり、中世以降は、公家や武士にまで仏教色の強い葬儀が広まりました。さらに、江戸時代になってキリシタンを禁じるために寺請《てらうけ》制度ができ、僧侶が独占的に葬儀を行うようになって仏式による葬儀が一般にも定着しました。こうしたなか、日本固有の葬儀のあり方を見直す動きが江戸時代の半ばに起こり、明治時代になって、神式《しんしき》による葬儀を行うことが一般に認められるようになりました。

神葬祭《しんそうさい》とは、神道《しんとう》式で行う葬儀の名称で、日本固有の葬儀を土台に整えられた葬儀式です。前項で説明した祖先のお祀りも、このときに整えられたものです。古来、日本人は、肉体の死を生命力が衰退した穢《けが》れの状態と捉えたようです。神葬祭では、遺体を墓に納め、年月をかけて故人の御霊《みたま》を鎮め、家の守護神としてお祀りします。神葬祭は、神域である神社で行われることはほとんどなく、故人の自宅か別の斎場《さいじょう》で神職を呼んで行われます。以下、地域によって差はありますが、現在行われている神葬祭の一般的な流れを説明していきます。

1．帰幽奉告《きゆうほうこく》

故人が亡くなったことを氏神様、神棚、御霊舎《みたまや》に奉告します。神棚の前面には白い半紙を貼り、一時的に神棚のお祀りを止めます。期間は、忌明《きあ》けと考えられている五十日祭までが一般的です。ちなみに「忌《き》」（いみ）とは、故人のお祀りに専念することをいいます。また、故人のために特別に祈願をした神社があれば、そこに行かなくとも遥拝《ようはい》するなどして、その祈願を解きます。

2．枕直しの儀

遺体を整えて、遺体を安置する部屋である殯室《ひんしつ》に移します。殯室では遺体を北枕《きたまくら》にし、白布で顔を覆い、枕元に屏風《びょうぶ》を立て、守り刀を置きます。北枕にするのは、まだ御霊《みたま》が宿っている遺体を貴いものとして、遺体の視線を南向きにして遺族より上位の座に安置するためです。部屋によっては、頭が上座《かみざ》の位置になるようにします。また、灯火を点して、故人が好きだった食事や米、塩、水などを供えます。

3．納棺《のうかん》の儀

遺体を柩《ひつぎ》に納めます。

4．柩前日供《きゅうぜんにっく》の儀

納棺から出棺《しゅっかん》までの間、毎朝夕お供えをします。

5．墓所地鎮《じちん》祭

遺体をお納めする土地を祓《はら》い清めるお祭りです。

6．通夜《つや》祭

故人の御霊を慰めるお祭りです。神職が斎主《さいしゅ》および祭員を務め、お祭りが行われます。特徴的なことは以下の点です。故人のために装飾された祭壇《さいだん》にお供え物をあげ、斎主による祭詞《さいし》の奏上と祭員による誄歌《しのびうた》が捧げられます。祭詞には、故人の経歴、功績、人柄をたたえ、今後は祖霊となって遺族を見守ってくださるようにとの祈りが込められます。また、誄歌は、雅楽《ががく》の旋律とともに歌われ、故人を追慕し、御霊を慰め、会葬者の心を鎮めるなどの意味があります。そして、玉串拝礼が行われます。

ここで注意しなければならないのは、神葬祭での拝礼は神前と同様にお参りすることに変わりはありませんが、微音で音をたてずに拍手することです。これを忍手《しのびて》といいます。亡くなられた方を偲び慎《つつし》む心を表す意味からです。また、当然ながら線香を使った焼香《しょうこう》はありませんし、数珠《じゅず》も用いません。

本来、通夜は故人の蘇《よみがえ》りを祈るものだったようです。生前の好物をお供えするのも、こうした意味からです。古くは、霊と肉体が分離した状態が死であり、もし御霊が遺体に戻れば、故人は生き返ると考えられていました。かつて酒宴などを設ける地方があったのも、故人と共に食事をとることで御霊を遺体に引き戻そうとしたからです。

7．遷霊祭《せんれいさい》

故人の御霊を霊璽《れいじ》に遷《うつ》しとどめるお祭りです。霊璽は前項で説明しましたが、仏式の位牌にあたるものです。

63 神葬祭について教えてください ②

8．発柩《はっきゅう》祭（出棺祭）

通夜祭を故人宅で行った場合、葬場に移動することを霊前に奉告するお祭りです。

9．発柩後祓除《はらえ》の儀

故人宅と家に残った家族を清めます。初めから斎場で行っている場合は、火葬場に向かう際に家の清めを行います。

10．葬場祭《そうじょうさい》（告別式）

故人に最後のお別れをするお祭りです。基本的には、通夜祭と同様のお祭りが行われ、故人との最後の対面を行い、火葬場へと向かいます。

11．火葬祭

火葬を行う際のお祭りです。

12．埋葬祭

遺体、遺骨を埋葬するお祭りです。

13．帰家《きか》祭

葬儀が滞りなく終了したことを霊前に奉告するお祭りです。

14．霊前祭

葬場祭の翌日から、御霊を慰め鎮めるお祭りを行います。霊璽は五十日祭が終了するまで、御霊舎《みたまや》とは別の仮御霊舎に安置します。家族の手によって、毎日、朝夕のお供え物をし、拝礼を行います。なかでも葬儀がすべて滞りなく終了したことを奉告する翌日祭、そして、十日祭、二十日祭、三十日祭、四十日祭、五十日祭は、神職を呼んで祭詞を奏上してもらい、丁寧に行います。墓前でもお祭りを行います。

15．清祓《きよはらい》

一般的には五十日祭をもって忌《き》明けとされます。家中を祓い、神棚のお祀りを再開します。

16．合祀《ごうし》祭

地方によって差はありますが、五十日祭が終わった後、故人の御霊を祖先の御霊と同様にお祀りするため、仮御霊舎に安置していた霊璽を御霊舎に遷すお祭りです。

17. 命日、年祭、まつりあげ

前項でもふれたように毎月巡ってくる亡くなった命日には故人を追慕します。また、満1年、3年、5年、以降10年ごとに墓前でも年祭を行います。また、一般的に50年を節目として「まつりあげ」を行い、以降は個人としてのお祭りは行わず歴代の祖先とともにお祀りします。

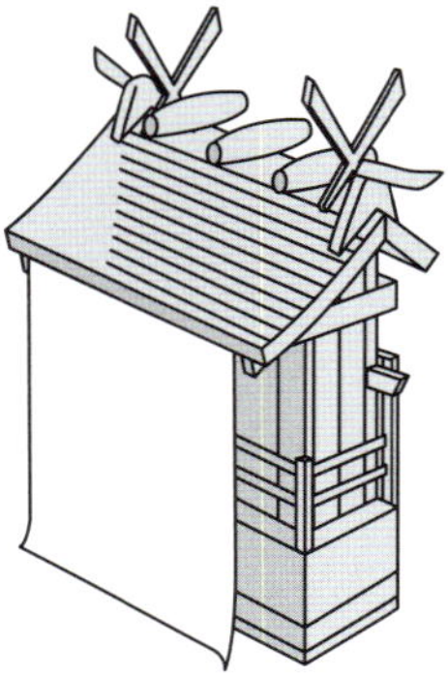

故人のお祭りに専念するため、神棚の前には白い半紙を貼る

ある神葬祭の葬場祭の模様

ポイント⑥③

神葬祭とは、神道式で行う葬儀の名称で日本固有の葬儀を土台に整えられた葬儀式。葬儀にあたって神棚の前には白い半紙を貼る。神葬祭での拝礼では微音で音をたてずに拍手し、これを忍手という。一般的に五十日祭をもって忌明けとし、神棚のお祀りを再開する。そして50年目を「まつりあげ」とし、以降は歴代の祖先とともにお祀りする。

64 神道のお墓、霊号《れいごう》について教えてください

神道式と仏式のお墓の形状に大きな違いは見られません。祖先のお祀りのところでふれたように、仏教での葬儀が日本の古来の習俗に影響を受けて成立したものだからです。

お墓についても地域によって違いがありますが、その特色をいえば、神道式のお墓は墓石の頭部が平《たいら》ではなく、四方から刻《きざ》んで尖《とが》らせている形のものが多く見受けられます。自然石を用いたものや、墳丘《ふんきゅう》型という土饅頭《まんじゅう》の形態をとっているものもあります。線香立てはなく、お供えを供える台が設けられています。神饌《しんせん》を供える台と考えればいいでしょう。墓前に鳥居が設けられているものもあります。

墓石の正面には、「〇〇家奥都城《おくつき》」や「〇〇家奥津城《おくつき》」と記されていることがあります。この奥都城や奥津城の「都《つ》」と「津」は「〜の」を表し、両方とも「奥の城」と考えればよく、その意味は、「外部からさえぎられた奥深いところ」といった意味になるようです。また「城《き》」には「柩《ひつぎ》」の意味もあり、「柩を置く場所」、あるいは、「柩を海の沖に放つこと」とする諸説があります。

また、故人の名前には、男性には「〇〇〇〇大人命《うしのみこと》」、女性には「〇〇〇〇刀自命《とじのみこと》」といった姓名の下に尊称が付けられた諡名《おくりな》が用いられます。「大人《うし》」・「刀自《とじ》」の尊称は壮年の男女の例ですが、乳幼児には「稚児《ちご》」「若子《わかこ》」が、児童には「童子」「童女」、青年では「比古《ひこ》」「彦」「郎子《いらつこ》」、女子には「比売《ひめ》」「姫」「郎女《いらつめ》」、老年では男性が「老叟《ろうそう》」「翁《おきな》」、女性に「大刀自《おおとじ》」「媼《おうな》」などが用いられます。これらの尊称を用いず、単に「〇〇〇〇命《のみこと》」とすることも多く見られます。

この諡名を霊号《れいごう》といいますが、霊号には「惟神《かんながら》」「神祇《じんぎ》」「天津《あまつ》」など神様に関連する言葉が冠せられる場合もあります。

神道墓は、もともと神葬祭用の墓地としてスタートした東京の青山霊園などの公営墓地、あるいは宗派を問わない墓地、または、神社がもっている墓地などに建てられます。

東京のある神社の
神道墓地の風景

墓前には御幣が立てられ、
お供えが置かれる台が設けられている

家名には「奥都城」という
言葉が付されている

ポイント
64

神道式のお墓は先端が尖っているものが多い。鳥居が設けられていることもある。また、家名に「奥都（津）城」という言葉が付けられている場合もある。霊号（諡名）は主に「○○○○命」といった尊称が付けられる。墓は神葬祭用もしくは無宗派の墓地に建てられる。

65 忌中《きちゅう》の際の神社への参拝について教えてください

忌《き》とは故人のお祭りに専念することをいいますので、忌中とは、その最中にいることを意味しています。一般的には五十日祭までが忌の期間で、その後に神棚の祀りを再開しますから、この期間は神社への参拝も遠慮します。やむをえない場合は、お祓いを受けてからお参りをします。また、忌の期間に新年を迎える場合は、忌明けのときに、お神札を受け交換するようにしましょう。

ポイント㊀ 五十日祭までは神社への参拝も遠慮する。

66 神葬祭に参列する際のマナーについて教えてください

お供えは弔事《ちょうじ》用のものを使います。水引《みずひき》は結び切りで、色は黒と白（銀）などのものを用います。ちなみに、「蝶結び」ではなく「結び切り」が使われるのは、蝶結びが簡単に解け何度でも結び直せるのに対し、結び切りは固く結ばれ解くことができないことから、繰り返し起こることが望ましくない婚礼や葬儀、火事見舞などに使われるのです。表書きは「玉串料」や「御霊前《ごれいぜん》」・「御《お》供《そなえ》」で、年祭になると「玉串料」や「御榊料《おさかきりょう》」も使われます。なお、市販されている袋には蓮《はす》の絵が描かれたものがありますが、これは仏式用です。

通夜祭に参列するときには喪服《もふく》を着用しないのが本来のマナーでした。急いで訪れたという気持ちを表すためにも地味なスーツなどでさしつかえないでしょう。ただし、葬場祭に参列できず通夜祭だけの弔問《ちょうもん》になるような場合は、喪服を着用することもあります。葬場祭後の霊前祭では、五十日祭がその節目《ふしめ》となります。地域によって違いはありますが、五十日祭後に霊璽《れいじ》を仮御霊舎《みたまや》から御霊舎に遷し、祖先の祖霊と共にお祀りするわけですから、故人を弔《とむら》う祭祀から、家の守り神としてお祀りする意味合いも出てきています。五十日祭後の年祭に参列する場合は、ダークスーツなどの服装になります。五年祭、十年祭となるに従って、徐々に華美ではない普通のスーツなどになってかまいません。

ポイント㊁ お供えや服装について一定のマナーがある。

67 地鎮祭、上棟祭、竣工祭について教えてください ①

家屋やビルなどの新築に際して行われるお祭りがあります。それが地鎮祭《じちんさい》、上棟祭《じょうとうさい》、竣工祭《しゅんこうさい》です。

地鎮祭は、工事を始めるに際して、その土地の神様にご挨拶し、土地を祓い清め、工事の安全と変わらぬ守護を祈願するお祭りです。「とこしずめのまつり」とも読み、あるいは「地祭《じまつり》」ともいいます。

上棟祭は「むねあげのまつり」とも読みますが、「棟上《むねあ》げ」「建前《たてまえ》」とも呼ばれます。柱が立ち棟木《むなぎ》（屋根の一番高い位置にある部材）を上げる段階で行われるお祭りで、建物の神様や匠《たくみ》の神様をお祀りし、その後の工事が安全にすみやかに行われ、永く建物に厄災が降りかからないように祈願するお祭りです。

竣工祭は、建物が完成した際に行われるお祭りです。新築の建物を祓い清め、神様に無事完成したことを奉告し、建物が末永く丈夫で、そこに住む人の繁栄を祈願します。「新室祭《にいむろさい》」や「清祓《きよはらえ》」とも呼ばれます。

地域によってお祭りの名称や内容にずいぶん差がありますが、どのお祭りも、基本的な流れは修祓《しゅばつ》に始まって直会《なおらい》で終了する神社のお祭りと同じです。神職に出向いてもらって行う出張祭典ですから、詳細については神社に問い合わせてみるのがよいでしょう。以下、一般的なことがらを説明していきます。

地鎮祭では、土地の守護神である大地主神《おおとこぬしのかみ》と、その地域の守護神である産土神《うぶすなのかみ》をお祀りします。祭場《さいじょう》は工事をする場所で、その土地の中央の四隅に斎竹《いみたけ》（葉のついた青竹）を立て注連縄を廻《めぐ》らせ、その内側に祭壇を設置し、神様の依代《よりしろ》として神籬《ひもろぎ》を立てて祭祀が行われます。

地鎮祭で特徴的なことは以下の点です。「散供《さんぐ》」と称し、紙や麻を細かく切った切麻《きりぬさ》や米、塩、酒を撒《ま》いて祓い清めます。また、施主《せしゅ》と施工者が忌鎌《いみかま》、忌鍬《いみくわ》、忌鋤《いみすき》を用いて、草を刈り、土地を穿《うが》ち、掘り起こす動作を行います。忌鎌、忌鍬、忌鋤の「忌」とは「神聖な」ということを表しています。さらに、土地の神様へのお供え物として「鎮物《しずめもの》」を埋《う》めます。この鎮物は、神饌《しんせん》とは別のお供え物で、鉄板で作られた人形《ひとがた》や、刀、盾《たて》、矛《ほこ》、鏡、あるいは、神籬として用いられた榊の芯にあたる枝などです。この鎮物は、お祭りでは形式的に行い、施工者が基礎工事の際に埋めるのが一般的なようです。

ある地鎮祭の様子

ある上棟祭で屋上に立てられた幣串（へいぐし）と作り物の弓矢

ポイント㊼

地鎮祭は、工事を始めるに際して、その土地の神様にご挨拶し、土地を祓い清め、工事の安全と変わらぬ守護を祈願するお祭り。「とこしずめのまつり」とも読むが、「地祭」ともいう。

68 地鎮祭、上棟祭、竣工祭について教えてください ②

上棟祭では、家屋を守護する神様である屋船久久遅命《やふねくくのちのみこと》と屋船豊宇気姫命《やふねとようけひめのみこと》、工匠の神様である手置帆負命《たおきほおいのみこと》と彦狭知命《ひこさしりのみこと》、そして、地域の神様である産土《うぶすな》神《がみ》を祀るのが一般的です。

上記の神名を記した棟札《むねふだ》を中央の柱に貼り、祭場を屋上と屋下に設けて、祭祀は行われます。棟木《むなぎ》には神様への捧げものとして幣串《へいぐし》（上棟幣）を立て、魔除けの意味をもつ作り物の弓矢や扇が飾りつけられます（前ページ写真）。

上棟祭で特徴的なことは以下の点です。修祓《しゅばつ》や献饌《けんせん》、祝詞奏上《のりとそうじょう》などが行われた後、「曳綱《ひきつな》の儀」と称し、掛け声よろしく棟木を棟に引き上げます。次に、「槌打《つちうち》の儀」と称し、棟木を棟に打ち固める儀式を行います。その後、「散餅《さんぺい》銭《せん》」では、餅や小銭などを撒《ま》いて災いを除きます。現在、一般的に上棟祭は、棟木を上げた状態で、その真下に祭場を設けて行われることが多いようです。その際は、曳綱の儀と槌打の儀は省略されるようです。終了すると、建て主が感謝を込めて工事関係者や近所の人々にご祝儀を配ったり、餅などを撒くところもあります。上棟祭は、建て主と工事関係者、ご近所の方々との交流の場でもあるのです。これらの行事も地域によって省略されることも多く見られます。

竣工祭は、建物の中心にあたる部屋に祭場を設けて行うのが一般的のようです。最近は竣工祭を省くことが多いようですが、工事を見守っていただいた神様に無事の完成を奉告することも大切なことです。また、工事関係者や近所の方々に感謝の気持ちを表し、気持ちよく新生活を始めたいものです。

なお、中古住宅やマンションを購入した場合には、入居の際、近くの神社に依頼して土地と家屋を祓い清め、神棚を設けて平穏無事をお祈りしましょう。

ポイント ㊽

上棟祭は、柱が立ち棟木を上げる段階で行われるお祭りで、建物の神様や匠の神様をお祀りし、その後の工事が安全にすみやかに行われることを祈願するお祭り。正式には「むねあげのまつり」と読むが、「棟上げ」「建前」とも呼ばれる。竣工祭は、建物が完成し入居するに際して行われるお祭り。新築の建物を祓い清め、神様に無事完成したことを奉告し、建物が末永く丈夫であることと、そこに住む人の繁栄を祈願する。地域によってお祭りの次第には違いがある。

第6章
お伊勢さんについて知りたい

69 神宮とは何か教えてください

伊勢神宮、お伊勢さんなどと呼ばれることが多い伊勢の神宮ですが、先にもふれたとおり、その正式名称は「神宮」です。

神宮とは、天照大御神《あまてらすおおみかみ》をお祀りする皇大神宮《こうたいじんぐう》と、豊受大御神《とようけのおおみかみ》をお祀りする豊受《とようけ》大神宮の両宮をはじめとして、14の別宮《べつぐう》と１０９の摂社《せっしゃ》、末社《まっしゃ》、所管社を合わせた１２５社の総称です。

皇大神宮は、通称「内宮《ないくう》」と呼ばれ、三重県伊勢市郊外の五十鈴川のほとりに鎮座しています。皇室の祖先神である天照大御神は、万物を育む太陽にたとえられる神で、あらゆる神々の中で最高位にある日本国民の総氏神です。その大御神を祀る神宮は、他の神社とは一線を画す唯一無二の存在で、全国約８万の神社のほとんどを包括する神社本庁は、神宮を「本宗《ほんそう》」として仰いでいます。

一方、内宮から約５キロ離れた伊勢市の中心部に鎮座しているのが豊受大神宮で、通称「外宮《げくう》」と呼ばれます。豊受大御神は、天照大御神にお食事を差し上げる御饌都神《みけつかみ》で、広く産業の神としても信仰されています。この二つが並び立つのが神宮の姿であり、内宮への参拝に先立ち、外宮にお参りするのが正式とされています。

別宮とは、皇大神宮と豊受大神宮の両正宮《しょうぐう》の「わけのみや」の意味で、所属の宮社のなかでも特に重んじられます。内宮には第一別宮の荒祭宮《あらまつりのみや》ほか10所が、外宮には第一別宮の多賀宮《たかのみや》ほか４所があります。摂社、末社および所管社は、内宮・外宮の宮域以外にも、伊勢、松阪、鳥羽、志摩の４市、度会《わたらい》、多《た》気《き》の２郡にわたって鎮座しています。

神宮の創祀は約２０００年前です。天照大御神はもともと皇居に祀られていましたが、第10代崇神天皇《すじんてんのう》のときに、倭笠縫邑《やまとかさぬいのむら》（奈良県桜井市）に祀られました。次いで、第11代垂仁《すいにん》天皇のときに、諸国を巡られた後、現在地の五十鈴川のほとりに鎮座されることになりました。豊受大御神は、第21代雄《ゆう》略《りゃく》天皇のときに（５世紀後半）、丹波国《たんばのくに》（京都・兵庫・大阪の一部）に祀られていたのを天照大御神のご意向によりお遷《うつ》しし、お祀りしたのが始まりとされています（公式テキスト②『神話のおへそ』「三輪の大神と伊勢の大神」「倭姫命巡幸の地を行く」「豊受大神のふるさと――丹後」ほか参照）。

新嘗祭の模様（内宮）

ポイント
⑲

神宮とは、天照大御神をお祀りする皇大神宮（内宮）と、豊受大御神をお祀りする豊受大神宮（外宮）の二つの両宮をはじめとして、14の別宮と１０９のゆかりの摂社、末社、所管社を合わせた１２５社の総称。その創祀は約２０００年前。主祭神である天照大御神は皇室の祖先神で、日本国民の総氏神であり、神宮は他の神社とは一線を画す唯一無二の存在である。

70 神宮のお祭りについて教えてください

神宮では年間に1，500回以上ものお祭りが行われています。毎年、決まった月日に行われる恒例祭典のうち、最も重要なお祭りが10月の神嘗祭《かんなめさい》で、それに次ぐ6月と12月の月次祭《つきなみさい》を合わせて「三節祭《さんせつさい》」といいます。これに2月の祈年祭と、11月の新嘗祭《にいなめさい》を加えて「五大祭」ともいいます。祈年祭と新嘗祭は全国の神社でも行われていますが、三節祭は神宮独自のお祭りです。

神宮の主祭神である天照大御神は皇祖神で、そのお祭りは、本来、天皇陛下が自ら神恩に感謝され、国の平安を祈る「親祭《しんさい》」です。五大祭では、天皇陛下の名代として「祭主」がお祭りに奉仕し、令和元年11月現在では陛下の妹にあたる黒田清子様がその大役を務めています。また、天皇陛下より神様へのお供えである幣帛《へいはく》が奉納され、五大祭のうち月次祭を除くお祭りには陛下のお使いである勅使《ちょくし》が遣わされます。

月次祭と神嘗祭では、「由貴大御饌《ゆきのおおみけ》」を奉って神様に感謝を捧げます。「由貴」とは神聖さを表し、「大御饌」とは神様のお食事のことを指しています。そして、神嘗祭では、その年に収穫された米の初穂を初めて神様にお供えします。両正宮の内玉垣には、天皇陛下が皇居で作られた御初穂がかけられ、「懸税《かけちから》」と呼ばれる全国の農家から献納された多くの初穂も並びかけられます。当日、皇居では、天皇陛下が神宮を遥拝《ようはい》され、同時に全国の神社でも神嘗奉祝祭が行われます。神宮では、両宮でお祭りが行われる場合、内宮に先立って外宮から祭典を行うことが通例となっています。

神宮では、米をはじめ塩、酒、野菜、果物、鰒《あわび》にいたるまで、神様に捧げる神饌の多くは自給自足でまかなっています。さらに、神饌を盛り付ける土器や神様に捧げる衣服の布も、古式にのっとり独自に作っています。その過程でもさまざまなお祭りが行われています。また、外宮では毎日朝夕の2度、神職が火鑽《き》り具を使って火をおこし、昔ながらの方法で調理された神饌を神々に捧げる「日別朝夕大御饌祭《ひごとあさゆうおおみけさい》」が行われています。

神宮では、「大《だい》宮司」「少《しょう》宮司」をはじめとした神職たちがお祭りに奉仕しています。この大宮司や少宮司は他の神社では見られない職階です。

天皇陛下の御初穂と
内玉垣にかけられた懸税

神宮では独特な「八度拝（はちど
はい）」という作法で拝礼を行う

ポイント
⑳

恒例祭典のうち最も重要なものが神嘗祭で、その年の初穂が神様に捧げられる。皇祖神を主祭神とする神宮のお祭りは、本来、天皇陛下の親祭。五大祭では天皇陛下の名代として祭主がお祭りに奉仕する。神宮では神饌の多くや、その器、神様の衣服となる布などを自給自足で作っていて、その過程でもさまざまなお祭りが行われている。

71 神宮式年遷宮について教えてください

神宮では、20年に一度の至高の祭典「神宮式年遷宮《しきねんせんぐう》」が執り行われます。式年遷宮とは、制度上定められた期間ごとに新たな御社殿《ごしゃでん》を造って神様にお遷《うつ》りを願い、御装束神宝《おんしょうぞくしんぽう》までをも新たにして、神威のより一層の高まりを願う祭典です。そのため、神宮には内宮・外宮の両正宮をはじめ、別宮、摂末社の多くにもそれぞれ東と西に同じ広さの御敷地《みしきち》（新御敷地・古殿地《こでんち》）があり、20年ごとに同じ形の社殿を交互に新しく造り替えています。

この制度は、今から約１３００年前に第40代天武《てんむ》天皇のご宿願で、次の第41代持統《じとう》天皇の４年（６９０）に第１回の御遷宮《ごせんぐう》が行われました。以来、戦国時代に一時の中断はありましたが、20年に一度繰り返され、平成25年には第62回の御遷宮が執り行われました。

第62回の式年遷宮は、平成16年1月19日に天皇陛下から大宮司に遷宮斎行のご下命《かめい》があり、４月５日、正式に「御聴許《ごちょうきょ》」（天皇陛下が聞き届けられること）があり、翌年５月の「山口祭」から諸祭・行事が進められました。山口祭とは、御用材《ごようざい》伐り出しの安全を山の口に坐《ま》す神に祈るお祭りです。この山口祭に始まって、平成25年10月の「遷御《せんぎょ》」（神様が新殿へとお遷りになる祭儀）や「御神楽《みかぐら》」まで30に及ぶ祭典・行事が行われましたが、そのうち12の主要な祭典については、日時などについて「御治定《ごじじょう》」（天皇陛下のお定め）を仰いで行われました。その両正宮の御遷宮に続いて、別宮や摂末社の御遷宮が行われています。

20年に一度という期間については、平安時代に編纂された律令の施行細則『延喜式《えんぎしき》』で規定されていますが、なぜ20年なのかについて明確な根拠を示す資料はありません。

しかし、継承されてきた御造営《ごぞうえい》などの技術を伝承するためには合理的な年数と考えられます。若いときにその技術を経験し、中堅どころとなって技の習得が図られ、ベテランとなって技術を伝えていくことができるからです。さらに、掘立柱《ほったてばしら》に萱葺《かやぶき》屋根という素木造《しらきづくり》の御社殿の美しさを保つには適度な年月といえます。むしろ、建て替えることによって永遠に変わらない、いにしえからの「常若《とこわか》」の姿を保っているわけです。

神宮式年遷宮は、すべてを新しくした清々しさのなかで大御神の大いなる力がさらに高まり、日本全体が若々しいいのちに輝き自然への感謝を新たにする祭典です。それは、日本のこころと技を永遠に伝えていく至高の祭典なのです。

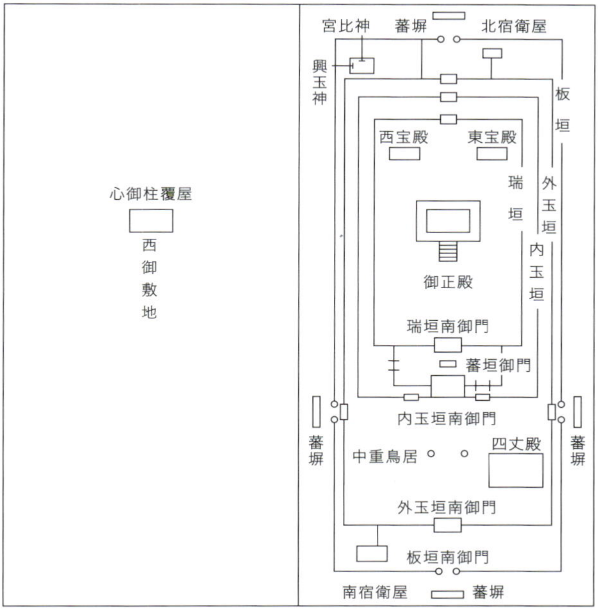

皇大神宮御垣内（みかきうち）平面図

この図は平成24年時点での内宮御敷地の様子を書き起こしたもの。第62回神宮式年遷宮では西御敷地となっている場所に御正殿はじめ御門などすべてが造営された

新御敷地から見た豊受大神宮

ポイント
⑺

神宮では、20年に一度の至高の祭典「神宮式年遷宮」が執り行われる。式年遷宮とは、制度上定められた期間ごとに新たな御社殿を造って神様にお遷りを願い、御装束神宝までをも新たにして、神威のより一層の高まりを願う祭典である。

72 御遷宮の御用材と御装束神宝について教えてください

第62回神宮式年遷宮で用いられる檜《ひのき》の御用材は約1万本に及びました。なかには直径1メートル余、樹齢４００年以上の巨木も用いられました。

神宮では御遷宮のための御用材を伐り出す山のことを「御杣山《みそまやま》」といいます。御杣山は持統天皇４年の第１回御遷宮から鎌倉時代中期にいたるまでは、ほとんどが神宮宮域内の神路山《かみじやま》と高倉山《たかくらやま》でしたが、宮域内でしだいに良材が得られなくなった中世以降は他所に求められるようになりました。いくつかの場所を転々とした後、江戸時代半ば以降は木曽地方となって現在にいたっています。

神宮では、再び宮域林《きゅういきりん》ですべてをまかなえるようにと、大正時代の終わりから、伊勢市の約５分の１を占める約５，５００ヘクタールの宮域林で植栽を進め、２００年後の御用材の確保を目標に檜を育成しています。今回の御遷宮でも御用材のうちの25パーセントは、この宮域林の檜が用いられました。

御用材は20年のお役目を果たした後も、「撤下古材《てっかこざい》」と称してさまざまに活用されています。たとえば、内宮と外宮の御正殿の棟持柱《むなもちばしら》は削りなおされて、内宮の入り口に架かる宇治橋《うじばし》に立つ鳥居の柱として生まれ変わり、次の遷宮では、昔の伊勢街道の入り口、関《せき》の追分《おいわけ》と桑名七里《しちり》の渡し口の鳥居として再々利用されています。さらに、その後も、他の神社の修繕などに用いられていきます。棟持柱だけでなく、その他の御用材も、古来、由緒の深い全国の神社や災害などにあった神社に下げられ用いられています。

御遷宮では約８００種・１，６００点にものぼる御装束神宝も古式のままに調進されます。御装束とは神様の衣服や服飾品をはじめ、神座や殿舎の敷設《ふせつ》品（被《ふすま》、帳《ちょう》、帷《とばり》など）、遷御などに用いる品々の総称で、神宝とは紡績具、武器、武具、馬具、楽器、文具、日用品など、神様の御用に供する調度品です。御装束神宝は平安時代の『儀式帳』の規定にのっとって古式どおりに調製されることが求められ、いつの時代でも、その時代最高の技量をもつ各々の分野の美術工芸家が調製してきました。昨今の急激な社会環境の変化により、技の継承が技術と素材の両面から難しくなってきていますが、今も日本各地で現代の名工・名匠たちが己の技のすべてをかけて調製に臨んでいます。

これら神々の御料は20年間、各宮の御正殿にお納めし、次回の御遷宮で撤下されますが、両正宮の神宝に限っては次回調製のための参考資料として新宮に移され、さらに20年間保存された後に撤下されます。明治以前までは撤下した神宝類は、人の手に渡るのは畏《おそ》れ多いとして、燃やせるものは燃やし、その他は土中に埋められていましたが、現在はすべて保存され、その一部は神宮徴古館《ちょうこかん》で拝観することができます。

神宝のひとつ、鶴斑毛御彫馬（つるぶちけのおんえりうま）／月読宮（つきよみのみや）御料。高50.0センチ、長65.1センチ。鶴斑毛とは、今は絶滅したとされる白と黒の斑の毛並みをもつ馬のこと。檜材に彩色した彫馬に、彫金（ちょうきん）を施した馬具を置いた姿は、平安朝の飾馬の様式を伝えている

ポイント⑫ 御用材は20年のお役目を果たした後も、撤下古材と称してさまざまに活用される。御装束とは神様の衣服や服飾品などで、神宝とは紡績具、武器、武具、馬具、楽器、文具、日用品など、神様の御用に供する調度品。

73 お伊勢参りについて教えてください

「伊勢に行きたや伊勢路が見たい　せめて一生に一度でも」と伊勢音頭に唄われたように、江戸時代の庶民にとってお伊勢参りは憧れのまとでした。弥次《やじ》さん喜多《きた》さんが珍道中を繰り広げる『東海道中膝栗毛《ひざくりげ》』も、その目的はお伊勢参りでした。

もともと神宮は、皇室の祖先神をお祀りするという性格から、「私幣《しへい》禁断」の制があり、神宮に幣帛《へいはく》を捧げることができたのは天皇だけであり、皇后や皇太后、皇太子といえども天皇の許可なしに行うことはできませんでした。

しかし、平安時代末期から、一般の伊勢参宮が増えてきます。この背景にあるのは「御師《おんし》」という存在です。「御師」は「御祈祷師《おんいのりし》」などの略称で、各地の神宮崇敬者と関係を取り結び、そこで祈祷を行いながら神宮のお神札《ふだ》（御《お》祓《はらい》大麻《たいま》）などを配って歩き、伊勢信仰を普及していったのです。また、鎌倉時代には源頼朝が神宮を篤く崇敬しました。各地に神宮の荘園（神領）が出来、そこに神明社《しんめいしゃ》が創建されていきました。室町時代になると御師の活動は目ざましくなり、各地でさらに創建された神明社を拠点として講が組織されるようになりました。室町幕府の足利将軍も何度も参拝を行っています。

江戸時代になって世情が安定し、全国的に街道が整えられると、お伊勢参りはますます盛んになります。庶民たちは「伊勢講」をつくり、毎月、積み立てをして旅の資金としました。それでも全員が行けるわけではなく、代表をくじで選んで参詣に向かいました。なかには講にも入れない者が、着の身着のままで出かけることもありました。しかし、お伊勢参りということがわかれば、周りの人が何かと世話をしてくれて参宮を果たせたそうです。江戸時代のお伊勢参りといえば、大群衆が伊勢参宮に押し寄せた「おかげ参り」が有名です。天から祓《はら》いのお神札が降ったなどの噂に端を発するおかげ参りは、ほぼ60年周期で起きました。特に、慶安３年（１６５０）、宝永２年（１７０５）、明和８年（１７７１）、文政13年（１８３０）に起こったおかげ参りはよく知られています。宝永のおかげ参りには、わずか２カ月の間に３６２万人、文政には半年の間に約５００万人の人が参宮に訪れたといわれています。

松尾芭蕉をはじめ文人や著名人も多く参宮に向かっています。古くは平安時代末期に西行法師が参詣に訪れ、有名な次の句を残しています。

何ごとのおはしますかは知らねども　かたじけなさに涙こぼるる

天照大御神がお祀りされている神社には、神明神社や神明社、○○皇大神宮《こうたいじんぐう》・○○大神宮、天祖《てんそ》神社などがあります。

宇治橋

五十鈴川の
御手洗場（みたらしば）

ポイント
㉓

もともと神宮は私幣禁断。しかし、平安時代末期から一般の伊勢参宮が増えてきた。背景にあるのは御師の存在である。各地に勧請されて神明社が創建され、江戸時代には多数が押し寄せるおかげ参りも起こった。

74 神宮大麻について教えてください

年末年始に氏神様からいただくお神札《ふだ》には、氏神様のお神札のほかに神宮のお神札である神宮大麻《たいま》があります。氏神様がその地域をお守りになっている神様であるなら、神宮は日本全国をお守りくださっている総氏神様です。ですから、たとえば氏神様が神明社で天照大御神をご祭神としていても、神宮大麻は、皇祖神であり全国の総氏神様である神宮のお神札として、氏神様のお神札と共にお祀りするのです。

大麻という名称に違和感を覚える人もいるかもしれませんが、大麻は本来「おおぬさ」と読みました。大麻《おおぬさ》とは先にもふれたようにお祓いに用いられる用具のことで、この大麻が神宮のお神札の名称の由来です。実際、明治以前は「お祓いさん」「御祓大麻《おはらいたいま》」と呼ばれ、前項でふれたように御師《おんし》という神職によって全国に配られていました。江戸時代末期には、このお神札などを受けていた数が全世帯の９割にのぼっていたという記録も残っています。現在では全国の神社で頒布されていますが、大麻の奉製《ほうせい》には神宮が直接携わっています。

まず、その年の大麻の奉製開始を大御神に奉告し、第１号となる大麻に神璽《しんじ》を押印《おういん》する「大麻暦奉製始祭《ほうせいはじめさい》」が１月８日に行われます。ここで「暦」とあるのは、「神宮暦」のことで、古くは「伊勢暦」とも呼ばれ、やはり御師によって配られたものです。天体・気象の詳細が書かれたもので、現在では、全国の神社の例祭日なども記されていて、これも神宮で奉製されています。

４月中旬には、「大麻用材伐始祭《きりはじめさい》」が行われ、伐り出されたご用材は五十鈴川畔の奉製所で乾燥されます。一方、和紙は外宮近くにある明治以来の専属の製造所で宮川の伏流水を使って厳しい検査の下に漉《す》かれています。これらのご用材を使って、各種大麻やお守り札が丁寧に奉製されるのです。作業にあたる50数名の職員は、出勤するとまず潔斎を行い、白衣に着替えた後、そろって両宮を遥拝《ようはい》し作業を開始します。

こうして奉製された大麻は、随時行われる「大麻修祓《しゅはつ》式」を経て、初めて「お神札」となるのです。そして、９月17日、関係者が参列し「大麻暦頒布始祭」が行われ、全国の神社を通じて頒布《はんぷ》が行われる運びとなります。

ちなみに神宮の神楽殿で授与されるお神札は、神宮の参拝のしるしとして授与される神宮大麻で、新年を迎えるに際して氏神である地元の神社を通じて受ける神宮大麻とは意味合いが違います。明けて、3月1日には「大麻暦頒布終了祭」が行われます。

神宮大麻。ひとつひとつが丁寧に奉製される

4月の大麻用材伐始祭の模様

ポイント⑭

神宮大麻とは神宮のお神札。大麻の名称はお祓いの用具である大麻（おおぬさ）に由来する。かつては御師によって配られ、江戸時代には全世帯の9割が受けていたとも。いくつものお祭りを経て、丁寧に清らかに神宮で奉製されている。

第7章
皇室のお祭りについて知りたい

75 三種の神器について教えてください

三種の神器とは、八咫鏡《やたのかがみ》、天叢雲剣《あめのむらくものつるぎ》（草薙剣《くさなぎのつるぎ》、草那芸之大刀《くさなぎのたち》とも）、八坂瓊曲玉《やさかにのまがたま》（八尺勾玉《やさかのまがたま》とも）のことをいい、歴代の天皇が継承されるものです。由来は、記紀神話などに書かれています。

まず、鏡と勾玉《まがたま》（曲玉）については天照大御神《あまてらすおおみかみ》が天石屋戸《あめのいわやと》にお隠れになった際に、石屋戸の外に出ていただくために用いられたものです。あるとき、天照大御神が須佐之男命《すさのおのみこと》のたび重なる悪戯に対して、天石屋戸に隠れてしまわれるという事態が発生しました。すると、真っ暗になり秩序は崩壊してしまいます。

神々は知恵をしぼります。天石屋戸の前に榊を立て、これに勾玉や鏡、紙垂をつけ、かがり火をたかせて、天宇受売命《あめのうずめのみこと》が踊りました。神々の楽しそうな声に天照大御神は石屋戸を開け、顔をのぞかせます。自らの光が鏡に反射し、さらに前に出たところを手力男命《たぢからおのみこと》が手を引いて石屋戸から出ていただくことに成功しました。光が満ち溢れ平和な社会がよみがえったといいます。

次に剣については、須佐之男命が天照大御神に献上されたものです。天石屋戸の騒動の後、須佐之男命は天上の世界から追放され、出雲国《いずものくに》に天降《あまくだ》られます。そこで、八岐大蛇《やまたのおろち》を退治し一人の娘を助けます。大蛇の尾を割くと剣が現れたのです。これが草薙剣で、天叢雲剣とも呼ばれています。

須佐之男命は助けた娘と結婚されます。二人の間には子孫が繁栄し、やがて大国主神《おおくにぬしのかみ》がお生まれになります。大国主神は国土開拓の神です。そして、大国主神から天上の天照大御神に開拓された国が譲られることになり、譲られた国土に天照大御神の天孫《てんそん》・番能邇邇芸命《ほのににぎのみこと》が天降られます。

三種の神器は、この天孫降臨の際に天照大御神から番能邇邇芸命に手渡されました。番能邇邇芸命《ほのににぎのみこと》は稲穂がたくさん実るという意味の若々しい神です。降臨された場所は日向国《ひむかのくに》高千穂《たかちほ》です。高く積み上げた稲積みの頂に降りて来られたわけです。天照大御神は天孫に三種の神器を授けた際、この鏡を私だと思ってあなたの住まいする同じ御殿でお祀りしなさいとの言葉を添えられました。さらに、稲穂を与えられ祝福されました。そして天地とともに窮《きわ》まることのない永遠の繁栄を祈られたのです。

それから三世代を経て、神武《じんむ》天皇が初代天皇として即位されました。時は進み、第10代崇神《すじん》天皇の時代に疫病が蔓延するという事態が起こります。天皇はお祈りを続け原因を探られます。その結果、平安が回復しますが、これまで皇居のなかでお祀りしてきた御鏡《みかがみ》を皇居の外、大和笠縫邑《かさぬいむら》でお祀りすることにされました。このとき、御鏡、剣の写しを造らせ（『古語拾遺《こごしゅうい》』）、写しの御鏡と剣は宮中に留め置かれ、お祭りも継続されました。そして第11代垂仁《すいにん》天皇の時代になって、笠縫邑にお祀りされていた御鏡は皇女・倭姫命《やまとひめのみこと》により伊勢の神宮でお祀りされるようになったのです。

また、剣は第12代景行天皇の時代に皇子・倭建命《やまとたけるのみこと》の手に渡されます。天皇から東国の平定を言い渡された倭建命は神宮に立ち寄り守護を祈願されました。その時、倭姫命から渡されたのです。無事に東国を平定された倭建命は、尾張で宮簀媛《みやずひめ》と結婚されますが、その神剣を屋敷に置いたまま、伊吹山の神を討ち取りに出かけ亡くなられてしまいます。その後、神剣は宮簀媛によって名古屋の熱田神宮でお祀りされるようになりました(詳しくは公式テキスト②『神話のおへそ』「倭建命の旅路」ほか参照)

※

現在、皇居内で御鏡のご分身は、宮中三殿《きゅうちゅうさんでん》の賢所《かしこどころ》というところでお祀りされています。天照大御神のお言葉どおり、御鏡は皇居内で大切に祀られてきて今に至っているのです。また、神剣のご分身と勾玉は**剣璽**《けんじ》と称され皇位継承の証《あかし》とされ今に至っています。宮中では剣璽はお祀りの対象とはされずに天皇のお住まいに安置されてきました。

平成31年4月30日、上皇陛下が譲位されました。翌令和元年5月1日、宮殿松の間では「剣璽等承継《けんじとうしょうけい》の儀」が行われ、宮中三殿では「賢所の儀」、引き続き「皇霊殿《こうれいでん》神殿に奉告の儀」が行われました。今上陛下が神話以来の伝統を継承する儀式です。以来、剣璽は上皇陛下がお住まいだった仙洞《せんとう》御所の「剣璽の間《ま》」から今上陛下の赤坂御所（当時）に奉安されることになりました。

ポイント ㉟

三種の神器とは、八咫鏡、天叢雲剣（草薙剣）、八坂瓊曲玉のことをいい、歴代の天皇が皇位とともに継承されるもの。剣と勾玉は剣璽と称される。

76 宮中三殿について教えてください

天皇陛下は、日々、ご祖先と神々に感謝され、広く世の中の平安をお祈りされています。長い伝統をもつこの皇室祭祀が行われているところが、皇居内に鎮座する宮中三殿《きゅうちゅうさんでん》と神嘉殿《しんかでん》、そして、皇居の外にある歴代天皇の山陵《さんりょう》です。

宮中三殿は、賢所《かしこどころ》、皇霊殿《こうれいでん》、神殿の総称で、賢所を中央に、西に皇霊殿、東に神殿が南面して建てられています。皇霊殿、神殿に対し、賢所は高さ広さともに大きく建てられています。

賢所には皇祖・天照大御神がお祀りされています。その由来は先にもふれたとおり『古事記』『日本書記』に記されていて「この鏡を私だと思って同じ御殿の中で祀るように」と言われたことによります。平安時代の初期より内裏が整備されるとともに「温明殿《うんめいでん》」という御殿でお祀りされるようになり、平安時代から鎌倉時代にかけては畏れ多く貴い神をお祀りしていることから「貴所」「恐所」「尊所」「威所」などとも記されてきました。そして、明治２年、東京遷都とともに賢所も京都から現在の皇居に遷されました。

皇霊殿には、神武天皇はじめ歴代の天皇、皇后、皇族の御霊《みたま》がお祀りされています。神殿には天地の神、天神地祇八百万神《てんじんちぎやおよろずのかみ》がお祀りされています。

宮中で天神地祇がお祀りされたのも古くからのことで、平安時代に編纂された『延喜式神名帳《えんぎしきじんみょうちょう》』にも記述が見られます。しかし、中世の動乱の世のなかになると、神祇のことに携わってきた白川家や吉田家などでお祀りするようになっていました。また、歴代天皇の御霊《みたま》は中世中期より、京都御所の「お黒《くろ》戸《ど》」というところで女官たちにより仏式で供養されていました。一方で、白川家では神式で歴代天皇をお祀りしていたことが江戸時代の文献に出てきます。

そして、明治維新を迎えると、明治天皇は王政復古の大号令を発せられ、明治２年、そのことを奉告するため八百万神と歴代天皇をお祀りし、拝礼されました。このことが、皇居での皇霊殿と神殿のご造営と祭祀につながってきたのです。

神嘉殿は新嘗祭《にいなめさい》の日に天照大御神をはじめ神々に対し、お祀りが行われるところです。

宮中三殿と神嘉殿。
平成15年撮影

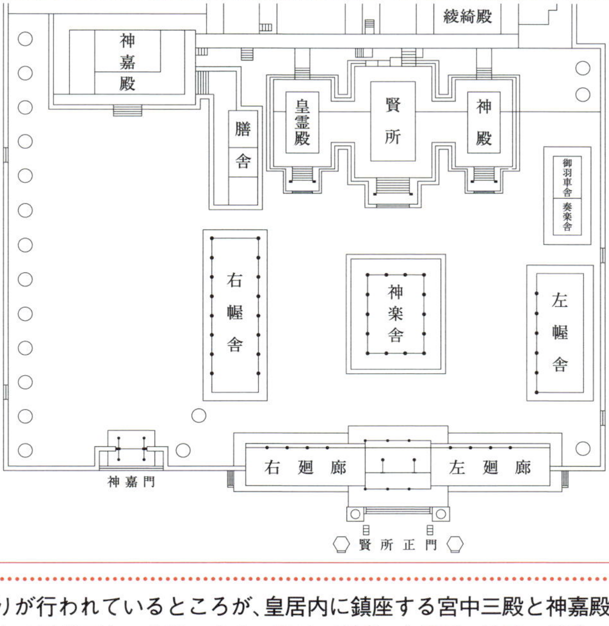

宮中三殿を含むご構内一体図。この構内全体を賢所（けんしょ）とも称す。綾綺殿（りょうきでん）は両陛下が祭典にお出ましになる際、お召し替えをされるところ。新嘗祭前夜には「鎮魂の儀」がここで行われる

ポイント
76

皇室のお祭りが行われているところが、皇居内に鎮座する宮中三殿と神嘉殿、皇居の外にある歴代天皇の山陵。宮中三殿は、賢所、皇霊殿、神殿の総称で、賢所には皇祖・天照大御神がお祀りされ、皇霊殿には、神武天皇はじめ歴代の天皇、皇后、皇族の御霊がお祀りされている。神殿には天神地祇八百万神がお祀りされていて、神嘉殿は新嘗祭が行われる御殿である。

77 皇室祭祀について教えてください

皇室祭祀を執行されるのは天皇陛下ご自身です。皇室祭祀には、大きく分けて毎年行われる恒例祭祀と、臨時祭祀があります。その祭祀は大祭と小祭に分けられますが、大祭は天皇ご親祭《しんさい》で、つまり天皇陛下が自らお祀りされ、全皇族方（成年以上）が参列される祭典です。小祭は、天皇陛下が拝礼され、掌《しょう》典長《てんちょう》に祀らせることとされています。

掌典とは皇室祭祀に奉仕する人たちのことです。宮内庁職員ではなく天皇陛下が雇用されている職員です。この皇室祭祀を司る掌典職も、名称は違っても古代よりの歴史に遡《さかのぼ》ります。現在は、掌典長、掌典次長がそれぞれ１名、掌典が５名、また、未婚の女性の内《ない》掌典５名が奉仕しています。

恒例祭祀のなかで最も重要な祭典が11月23日に行われる新嘗祭《にいなめさい》で、天皇陛下が宮中三殿に隣接する神嘉殿《しんかでん》で新穀を天照大御神《あまてらすおおみかみ》はじめ神々にお供えになり、神恩を感謝され、自らも召し上がる祭典です。天皇陛下は純白の御祭服《さいふく》を身に着けられ祭典に臨まれます。午後６時より「夕《よい》の儀」が、午後11時より「暁《あかつき》の儀」が行われ、祭典は翌午前１時過ぎに及びます。

このように天皇陛下が自ら祭典を行われる大祭が９つあります。例えば、１月３日には「元始《げんし》祭」が宮中三殿で行われ、年始にあたり皇位の大本と由来を祝し、国家国民の繁栄を祈られます。昭和天皇が崩御された１月７日には、皇霊殿と昭和天皇の御陵《ごりょう》である武蔵野陵《むさしののみささぎ》で祭典が行われます。

小祭は８つで、例えば、２月17日には「祈年《きねん》祭」が三殿で行われ、年穀豊穣を祈られています（恒例祭祀については１７２ページに表）。

恒例祭祀のなかに、神武天皇祭、昭和天皇祭のほか、孝明《こうめい》天皇、明治天皇、大正天皇、香淳《こうじゅん》皇后の例祭があります。つまり、先帝以前３代と先后《せんごう》の崩御《ほうぎょ》相当日に行われる例祭です。

このほか、臨時祭祀のなかの式年祭として、歴代天皇の崩御の日より３年、５年、10年、20年、30年、40年、50年、100年、以後、百年ごとの崩御に相当する日に皇霊殿と陵所《りょうしょ》で祭祀が行われます。

また、天皇・皇后両陛下、皇太子・同妃両殿下の外国ご訪問、ご帰国も皇室国家の大事として、三殿で祭祀が行われます。

皇族のご結婚やご誕生、もしくは成年式などのときには、ご参拝やご奉告があります。

さらに、即位礼や**大嘗祭**《だいじょうさい》に関連する諸儀があります。大嘗祭とは即位して初めて行われる特別の祭典です。

そのほか、皇室祭祀には、毎月1日、11日、21日三殿で行われる「旬《しゅん》祭」、さらに、毎朝、侍従によって行われる「毎朝御代拝《ごだいはい》」などがあります。

天皇陛下は自ら祭典にお出ましにならないご代拝のときも、慎みのときを過ごしていらっしゃるようです。また、すべての皇族方も同じく慎みのときを過ごされます。

明治時代以降、皇室祭祀は、明治になって国家の諸制度が整えられるなか、明治41年、旧皇室典範《てんぱん》の下の法律の一つとして皇室祭祀令が制定されました。しかし、終戦により現在の日本国憲法となって、昭和22年5月に皇室祭祀令は廃止されました。その後も、皇室の行事として前例に従い行われ、昭和30年12月23日、昭和天皇への伺定《うかがいさだめ》によって、皇室祭祀令に準拠し、お祭りの大要が整えられました。

ポイント㊆

天皇陛下は、日々、ご祖先と神々に感謝され、広く世の中の平安をお祈りされている。皇室祭祀を執行されるのは天皇陛下ご自身。皇室祭祀には、大きく分けて毎年行われる恒例祭祀と臨時祭祀がある。祭祀は大祭と小祭に分けられるが、大祭は天皇ご親祭で、つまり天皇陛下が自らお祀りされ、全皇族方（成年以上）が参列される祭典。小祭は、天皇陛下が拝礼され、掌典長に祀らせることとされている。恒例祭祀のなかで最も重要な祭典が11月23日に行われる新嘗祭。臨時祭祀には即位礼や大嘗祭に関連する諸儀もあり、大嘗祭とは即位して初めて行われる特別の祭典である。天皇陛下は自ら祭典にお出ましにならないご代拝のときも、慎みのときを過ごしていらっしゃる。

恒例祭祀

1月1日	四方拝《しほうはい》
1月1日	歳旦祭《さいたんさい》　小祭
1月3日	元始祭《げんしさい》　大祭
1月7日	昭和天皇祭　大祭
1月30日	孝明《こうめい》天皇例祭　小祭
2月17日	祈年祭　小祭
2月23日	天長祭《てんちょうさい》　小祭
3月春分の日	春季皇霊祭　大祭
3月春分の日	春季神殿祭　大祭
4月3日	神武《じんむ》天皇祭　大祭
6月16日	香淳《こうじゅん》皇后例祭　小祭
6月30日	節折《よおり》の儀、大祓《おおはらい》の儀
7月30日	明治天皇例祭　小祭
9月秋分の日	秋季皇霊祭　大祭
9月秋分の日	秋季神殿祭　大祭
10月17日	神嘗祭賢所《かんなめさいかしこどころ》の儀　大祭
11月22日	鎮魂《ちんこん》の儀
11月23日	新嘗祭《にいなめさい》　大祭
12月中旬	賢所御神楽《みかぐら》の儀　小祭
12月25日	大正天皇例祭　小祭
12月31日	節折の儀、大祓の儀
12月31日	除夜祭

●四方拝は、元旦の早朝、天皇陛下が伊勢の神宮および四方の神々を遥拝され、世の平安を祈られる年中最初の儀式
●歳旦祭は、四方拝に続いて行われる祭典で、国家国民の加護を祈念される
●天長祭は、天皇陛下のお誕生日を祝し、国家および皇室の安泰を祈念する祭儀
●春季皇霊祭は、春分の日に行われるご先祖祭
●春季神殿祭は、春分の日に行われる神恩感謝の祭典
●節折の儀は、知らぬうちに犯した罪や穢（けが）れを祓（はら）う儀式で、天皇陛下のためのお祓い行事
●大祓の儀は、知らぬうちに犯した罪や穢れを祓う儀式で、皇族と国民のためのお祓い行事
●神嘗祭賢所の儀は、賢所に新穀をお供えになる神恩感謝の祭典。その年の収穫の初穂を、皇祖・天照大御神を祀る伊勢の神宮に献じて、祭典に先立ち神宮を遥拝される
●鎮魂の儀は、新嘗祭に先立ち行われる「みたましずめ」で、魂を体に鎮（しず）め活力を取り戻す儀式
●賢所御神楽の儀は、賢所前庭に設けられた神楽舎にて神楽を奏して、天照大御神を和めまつる祭儀
●除夜祭は、大晦日の夜に、この１年の神恩に感謝し、来る年の神助を祈念する祭儀

78 勅祭社について教えてください

今まで説明してきましたように、天皇陛下は絶えず、国家の安泰、国民の福祉、世界の平安を祈念されています。伊勢の神宮のお祭りは、天皇陛下のご親祭です。そして、全国各地の神社でも恒例のお祭りが厳粛に行われ、皇室と国家のことを祈願しています。

特に皇室と歴史的に関係が深い神社には、例祭や臨時祭に天皇陛下のお使いである**勅使**《ちょくし》が参向し、幣帛《へいはく》が供えられます。勅使の役目を担うのは先にふれた皇室祭祀に奉仕する掌典《しょうてん》で、これらの神社を**勅祭社**《ちょくさいしゃ》といい、現在、全国に16社があります。詳細は以下のとおりですが、このうち宇佐神宮と香椎宮《かしいぐう》は10年ごと、鹿島神宮と香取神宮には6年ごとの例祭に勅使が差遣され、靖國神社には春秋2度の例大祭に勅使が遣わされています。

・賀茂別雷《かもわけいかづち》神社（京都）
・賀茂御祖《かもみおや》神社（京都）
・石清水《いわしみず》八幡宮（京都）
・春日大社（奈良）
・氷川《ひかわ》神社（埼玉）
・熱田神宮（愛知）
・出雲大社（島根）
・近江神宮（滋賀）
・橿原《かしはら》神宮（奈良）
・明治神宮（東京）
・平安神宮（京都）
・宇佐神宮（大分）
・香椎宮（福岡）
・香取神宮（千葉）
・鹿島神宮（茨城）
・靖國神社（東京）

また、これらの神社以外にも天皇陛下の各地へのご訪問や特別の機会に、陛下からの幣帛が供えられることがあります。

平成21年、石清水八幡宮の本殿遷座祭に勅使（奥）が参向した。辛櫃（からひつ）のなかに幣帛が納められている

ポイント⑱　例祭や臨時祭に勅使が参向する神社を勅祭社といい、現在、全国に16社がある。

第8章
神社にまつわる制度と歴史について知りたい

79 式内社、一宮について教えてください

式内社《しきないしゃ》とは『延喜式神名帳《えんぎしきじんみょうちょう》』（『延喜式』巻９・巻10）に記載された２，８６１社の神社のことをいいます。『延喜式』とは平安時代中期（９２７年）に成立した律令《りつりょう》の施行《しこう》細則です。「延喜」とは、『延喜式』の編纂《へんさん》が始められた年号です。律令は律と令に分かれ、律は刑罰、令は行政の法律のことを指し、朝廷での政治の仕組みを定めたものです。「式」が律令の施行細則を表しているのですが、要するに、当時の律令制の施行に対する規定のなかに、神宮はじめ神社の祭祀に関することが明記されていたことがわかります。そのなかに朝廷がお祭りをすべき全国の神社の一覧が記載されていて、それが『延喜式神名帳』と呼ばれているのです。

はるか大昔から、この日本に住む人々は神々への祈りを捧げてきていました。そして、７世紀になって大和朝廷は、中国の唐にならった律令制の導入を図り、さまざまにアレンジしながら、その法体系のなかに日本独自の神祇《じんぎ》制度を組み込んでいきました。古代において、その存在・役割を国家的に認められた神社を官社《かんしゃ》といいます。これらの官社には、祭祀を扱っていた行政機構の神祇官《じんぎかん》から、２月の祈年祭のときに神様へのお供えである幣帛《へいはく》が献じられました。この官社の制度は、７世紀後半の天武《てんむ》・持統《じとう》朝の頃に畿内を中心に整備され、８世紀前半に全国に広まったようです。

それが平安時代になると、重要度に応じて大社と小社に区分されました。さらに祈年祭に際し、神祇官に出向いて幣帛を受ける神社・官幣社《かんぺいしゃ》と、地方の国《こく》司《し》から幣帛を受ける神社・国幣社《こくへいしゃ》とに分けられ、官幣大社と官幣小社、国幣大社と国幣小社に分けられるようになりました。この時点の神社の一覧が『延喜式神名帳』に記されているのです。祈年祭以外にも幣帛を受ける神社もあり、また、特に霊験あらたかな名神大社《みょうじんたいしゃ》と呼ばれる神社もあり、神名帳にはその旨も記載されています。この官社の制度は朝廷の勢力の衰えと共に平安時代の半ばには実態を失い、姿を変えていきます。

また、「正一位《しょういちい》」や「従一位《じゅいちい》」といった位階が、朝廷から神様に贈られることもありました。これを、神位《しんい》、神階《しんかい》といい、遷都や国家の慶事、天変地異、また疫病などを鎮める臨時の祈願などに際して、神々に授けられました。

さて、平安時代になって律令体制は大きくさま変わりして、官社の制度も変更を余儀なくされます。平安時代中期から、朝廷の格別の崇敬を受ける神社が出てきます。平安京近辺の神社を中心に、最初は16社でしたが、最終的に22社となります。その数にちなみ、これを「二十二社」と呼びます。いずれも祈雨や止雨を中心に天変地異や国家の大事に際して祈願が行われ、中世半ばまでは朝廷の篤い崇敬を受けました。ちなみに二十二社とは以下の各社です。

伊勢（神宮）・石清水・賀茂（上賀茂、下鴨）・松尾・平野・稲荷（伏見稲荷大社）・春日　【以上が上七社】

大原野・大神《おおみわ》・石上《いそのかみ》（石上神宮）・大和《おおやまと》（大和神社）・広瀬・竜田（龍田大社）・住吉　【以上、中七社】

日吉《ひえ》・梅宮・吉田・広田（廣田神社）・祇園（八坂神社）・北野・丹生《にう》（丹生川上神社）・貴布禰《きぶね》（貴船神社）　【以上、下八社】

中央で二十二社の制度が成立する頃、地方の多くの国々では一宮《いちのみや》、総社《そうじゃ》と呼ばれる神社が成立します。地方の長官である国司《こくし》は、赴任するとまず国内に鎮座する諸神社を参拝するのが通例でした。その国において篤い崇敬を集める神社を参拝し幣帛を捧げることは、地方政治の運営上欠かせない第一の「まつりごと」だったからです。やがてこれらの神社が序列化され、国内で第一位の地位を占めた神社を一宮とし、他の神社を二宮、三宮などとしたのです。これを一般に「一宮制」と呼び、官社の制度にみられるような一種の社格《しゃかく》となっていきました。さらに、国司は国内諸神社の巡拝の労を軽減するために、国府《こくふ》内やその隣接地に一宮・二宮以下の神様を勧請《かんじょう》し、一括して祀ることも行われました。これが総社と呼ばれるものです。

ポイント ⑲

式内社とは平安時代中期に成立した『延喜式』に記載された神社のことをいう。古代において、その存在を国家的に認められた神社を官社といい、平安時代には官幣大社と官幣小社、国幣大社と国幣小社に分けられるようになった。名神大社と呼ばれる神社もあった。これらを社格という。また、神様に神位、神階も授けられた。平安中期になると、朝廷の崇敬を受ける神社は平安京近郊の二十二社に集中してくる。地方においても一宮や総社が成立した。

80 明治時代に定められた社格について教えてください

明治時代に話を進める前に、簡略にはなりますが、平安時代以降の神社のあり方にふれておきましょう。鎌倉時代になって武家政権が誕生します。鎌倉幕府を開いた源頼朝《みなもとのよりとも》は鶴岡八幡宮を源氏の氏神として幕府の守護神とします。頼朝は政治の根本に神社の崇敬と神事を第一におきます。その方針は、鎌倉時代中期に北条泰時《ほうじょうやすとき》が制定した「御成敗式目《ごせいばいしきもく》」によって明確に表されます。式目は行政・民事・訴訟に関する51カ条の武家法から構成されていますが、その第１条には「神社を修理し、祭祀を専《もっぱ》らにすべきこと」とあり、続いて「神は人の敬ふに依《よ》りて威《い》を増し、人は神の徳に依りて運を添ふ」とあります。つまり、人が神を崇敬すれば神威は増して、人は神徳によって運が開ける、というわけです。この精神は室町幕府、江戸幕府にも受け継がれていきます。しかし、戦国時代を経て江戸幕府となると、神社もさまざまな統制のもとにおかれていきました。

話は前後しますが、中世後期になると村落は自立し自治組織を作っていきます。これらは惣《そう》ないし惣村と呼ばれ江戸時代以降の近世へとつながっていきます。惣村の指導者は乙名《おとな》と呼ばれる古老たちで、元来、乙名は村落の神社の祭祀を行う宮座《みやざ》と呼ばれる組織の代表者でした。村落の人たちは神社に寄りあい年中行事に参加し、共同して氏神を守っていったのです。

さて、明治時代になって新しい国家体制が始まります。「王政復古《おうせいふっこ》の大号令《だいごうれい》」により、幕府から天皇に政治の実権が移り、神社のあり方も大きく変わっていきます。神祇官《じんぎかん》が明治元年に復興され、先にもふれましたが、神仏判然令（神仏分離）も出されました（59ページ参照）。神社は寺院や教会のような宗教施設としてではなく「国家の宗祀《そうし》」として、つまり国家が尊《とうと》び祀る公的な施設として位置づけられます。そのため、世襲であった神職はいったん罷免され、神職の定員や階級が定められました。

全国の神社は社格によって区分され、大きく官社と、それ以外の諸社に分けられました。そのうち官社は、皇室より幣帛がお供えされる官幣社と、国庫からお供えされる国幣社に分けられ、それぞれ「大社」「中社」「小社」に分けられました。官幣社は主として、二十二社を中心に皇室の崇敬の篤い神社で、国幣社は主として、諸国一宮を中心に地方において崇敬の篤い神社です。幣帛が供えられるお祭りとは、祈年祭と新嘗祭、例祭でした。このほか、靖國神社《やすくに》など皇室や国家のために特別に貢献した人物を祀る神社が創建され、別格官幣社という社格が設けられました。ちなみに、靖國神社は維新の内乱に殉じた英霊をお祀りするために明治２年に創建された東京招魂社《しょうこんしゃ》がその前身で、明治12年に改称されました。

要約すると、神祇官の管轄となる官社は、官幣大社、国幣大社、官幣中社、国幣中社、官幣小社、国幣小社、別格官幣社という分類になったのです。また、伊勢の神宮は制度外の存在とされました。それ以外の諸社は、府県内での崇敬を有する府社、県社、郷・村内で崇敬を有する郷社、村社、そして、それ以外の無格社に分けられ、地方長官の管轄となりました。また、無格社を除く諸社は府県などから幣帛の供進を受けました。

一方、明治39年から43年にかけては、神社の維持・管理と威厳の護持を目的に村社や無格社を中心に、神社の合併が行われました。これを神社合祀《じんじゃごうし》と呼んでいます。この合祀の状況は、地域によってかなりのばらつきがありました。

戦後、以上のような社格は廃止されました。昭和20年（１９４５）にGHQ（連合軍総司令部）により出された「国家神道、神社神道ニ対スル政府ノ保証、支援、保全、監督並ニ弘布ノ廃止ニ関スル件」（いわゆる「神道指令」）により、国家と神社の関係を定めた諸法令は廃止され、「国家の宗祀」としての神社の位置づけがなくなったためです。そして昭和21年、各神社の独立性を尊重し、全国約８万社を包括する団体・神社本庁が発足して今に至っています。

ポイント⑳

武家政権では敬神が政治の根本におかれた。その理念は「御成敗式目」に表れている。明治になると、神社は「国家の宗祀」と位置づけられ、新たな社格が作られた。官社は、官幣大社、国幣大社、官幣中社、国幣中社、官幣小社、国幣小社、別格官幣社という分類で、それ以外の諸社は、府社、県社、郷社、村社、無格社に分けられた。戦後にそれらの社格はなくなった。

「神社検定」公式ホームページ

http://www.jinjakentei.jp/

参考文献

『氏子のしおり』シリーズ（神社本庁）
季刊誌『皇室』シリーズ（扶桑社）
『フクハウチ 伊勢』（扶桑社）
『神道いろは』（神社本庁教学研究所監修／神社新報社）
『わかりやすい神道の歴史』（神社本庁研修所編／神社新報社）
『神道事典』（國學院大學日本文化研究所編集／弘文堂）
『神道のしきたりと心得』（神社本庁教学研究所監修／池田書店）
『プレステップ神道学』（阪本是丸・石井研士編／弘文堂）
『日本史小百科 神社』（岡田米夫著／東京堂出版）
『図解雑学 神道』（井上順孝編著／ナツメ社）
『神社と神道がわかるＱ＆Ａ』（三橋 健編／大法輪閣）
『神社の由来がわかる小事典』（三橋 健著／ＰＨＰ研究所）

監　修　神社本庁

企　画　公益財団法人 日本文化興隆財団

執　筆　伊豆野 誠（扶桑社「皇室」編集部編集長）

編　集　扶桑社「皇室」編集部
編集長　伊豆野 誠
担当編集　中尾千穂

イラスト　小島 哲（二番廣房）

図　版　ミューズグラフィック

撮　影　大谷美樹（扶桑社）

撮影協力　小國神社

写真提供　北野 謙　中田 昭　中野晴生　松本 滋　森田賢太朗
産経新聞社　神宮司庁　神社新報社　神社本庁
秋葉山本宮秋葉神社　出雲大社　石清水八幡宮
大神神社　賀茂別雷神社　北野天満宮　熊野那智大社
金刀比羅宮　諏訪大社　鶴岡八幡宮　東京大神宮
日吉大社　伏見稲荷大社　富士山本宮浅間大社
宗像大社　八坂神社

校　閲　聚珍社

神社検定公式テキスト① 『神社のいろは』

平成24年（2012）2月20日　初版第1刷発行
令和7年（2025）7月30日　第29刷発行

企　画　公益財団法人 日本文化興隆財団
発行者　秋尾弘史
発行所　株式会社扶桑社
〒105-8070　東京都港区海岸1-2-20　汐留ビルディング
電話　03-5843-8842（編集）
03-5843-8143（メールセンター）
ホームページ　http://www.fusosha.co.jp/
印刷・製本　株式会社DNP出版プロダクツ

ISBN978-4-594-06550-8